ABNEHMEN MIT DEM SÄURE-BASEN-GLEICHGEWICHT

ERICA BÄNZIGER   CHRISTOPHER VASEY

ABNEHMEN MIT DEM SÄURE-BASEN-GLEICHGEWICHT

MIDENA

Die Deutsche Bibliothek - CIP-Einheitsaufnahme

Bänziger, Erica:
Abnehmen mit dem Säure-Basen-Gleichgewicht/
Erica Bänziger ; Christopher Vasey. -
Augsburg : Midena-Verlag, 1996
ISBN 3-310-00272-1

Midena Verlag, Augsburg

Lektorat: Léonie Haefeli-Schmid
Fotos: Evelyn und Hans-Peter König, Zürich
Lithos: Litho 2000 AG, Basel
Satz: Kneuss Satz AG, Lenzburg
Druck und Bindung: Neue Stalling, Oldenburg

ISBN 3-310-00272-1

INHALTSVERZEICHNIS

REZEPTTEIL

Rein basische Rezepte

Frühstück

Suppen

Salate/Hauptgerichte

Basenüberschüssige Rezpete (mehr Basen als Säuren)

Frühstück

Suppen

Salate/Hauptgerichte

Anhang

Abkürzungen

EL = gestrichener Eßlöffel
TL = gestrichener Teelöffel
ml = Milliliter
dl = Deziliter
Msp = Messerspitze

Zeichenerklärung

◢ = basisch
◢ = sauer
◢ = säurebildend

Die Rezepte sind, wo nicht anders erwähnt, für 2 Personen berechnet

VORWORT

Schon wieder ein Buch, das sich das Thema «Abnehmen» auf die Fahne geschrieben hat! Daß das leidige Abspecken stets neu angegangen wird und Diäten wie Pilze aus dem Boden sprießen, ist Beweis genug, daß sie oft nicht das halten, was sie versprechen. Einseitigkeit, und das ist bei den allermeisten Diäten der Fall, hat ihren Preis. Crash-Diäten mit kurzfristigem Erfolg sind leider nur Fassade, also reine Kosmetik, die vom eigentlichen Problem ablenken.

Wir freuen uns, Ihnen mit diesem Buch einen Weg aufzuzeigen, der die Basis für gesunde, dauerhafte Gewichtsreduktion schafft. Nicht Kalorienzählen ist gefragt, sondern die Harmonisierung der Körperfunktionen. Und hier steht der Säure-Basen-Haushalt im Vordergrund, der viel, aber nicht nur mit dem Essen zu tun hat. Daß bisheriges Eßverhalten überprüft und die Weichen neu gestellt werden müssen, dürfte auf der Hand liegen. Denn Übersäuerung und Gewichtsreduktion sind vor allem eine Frage der Nahrungsmittelauswahl und der Nahrungsmittelkombination.

Der «Fahrplan» für die ersten zwei Wochen mit rein basischer Ernährung mag restriktiv erscheinen, er hat aber das Ziel, den Organismus bei einer raschen Entsäuerung optimal zu unterstützen und die Gewichtsreduktion unverzüglich einzuleiten. Aber nicht nur das, man wird auch die Erfahrung machen, wie viel besser und leistungsfähiger man sich fühlt.

Der Übergang von der zweiten in die dritte und in die folgenden Wochen mit einer basenüberschüssigen (mehr Basen als Säuren) Ernährung werden sie als fließend erleben. Und wenn die Erfahrungen der ersten vier Wochen rundum positiv ausgefallen sind, wird es für Sie ein Leichtes sein, Ihr Ziel mit der nötigen «Hartnäckigkeit» zu verfolgen. Und denken Sie daran, kleine Übertretungen sind kein Verbrechen. Wichtig ist, daß Sie die basenüberschüssige Ernährung auch längerfristig zu Ihrer Alltagsernährung machen.

Wir wünschen Ihnen auf dem Weg zu Ihrem Idealgewicht viel Erfolg und persönliches Wohlergehen.

MERKSÄTZE FÜR RICHTIGES ESSEN

- Nimm Dir genügend Zeit zum Essen, mindestens 30 Minuten.
- Richte alle Speisen appetitlich an.
- Iß langsam, mit Behaglichkeit und Muße.
- Nimm nur kleine Bissen.
- Nahrung sorgfältig kauen, damit sie gut eingespeichelt wird.
- Genieße jeden Bissen.
- Wende Deine Aufmerksamkeit allein dem Essen zu.
- Belaste Dich beim Essen nicht mit Schuldgefühlen.

EINFÜHRUNG

Übersäuerung macht krank

Mit großem Erfolg werden zahlreiche Zivilisationskrankheiten, die ihren Ursprung in einem übersäuerten Organismus haben, mit einer basenüberschüssigen Ernährung behandelt und geheilt: Müdigkeit und Kraftlosigkeit, nervöse Erschöpfung, Schlaflosigkeit, Depressivität, Zahnkaries, Kolitis (Dickdarmentzündung), Muskelkrampf, Gelenk- und Ischiasschmerzen und Übergewicht.

Gesund abnehmen

Ohne einen ausgeglichenen Säure-Basen-Haushalt kann der Organismus nicht optimal funktionieren. Er ist für einen reibungslosen Stoffwechsel essentiell und unterstützt bei einer Gewichtsreduktion die Auflösung und Verbrennung von Fettablagerungen.

Außerdem beugen harmonische Körperfunktionen gerade den bei Abmagerungskuren häufig auftretenden nervösen Störungen und schwindender Schwungkraft vor. Abnehmen im Einklang mit dem Säure-Basen-Gleichgewicht fördert die Gesundheit.

Ein ausgeglichener Säure-Basen-Haushalt unterstützt den Stoffwechsel und damit die Verbrennung von Fettablagerungen.

Wenn die Diät zum Frust wird

Das Angebot an Diäten ist groß, die Empfehlungen häufig kontrovers. Auch Zeitschriften und Zeitungen mischen eifrig mit. Da ist guter Rat für den Laien oft teuer, wenn es gilt, die richtige «Diät» zu finden. Glaubt man, ein maßgeschneidertes Programm gefunden zu haben, muß es auch noch eingehalten werden, und dies je nach überflüssigen Pfunden während mehrerer Wochen oder Monate.

Weniger essen ist noch lange kein Garant für eine Gewichtsreduktion. Selbst wenn die Abmagerungskur auf einer Kalorienreduktion – und dies ist häufig der Fall – basiert, klappt es mit der Gewichtsreduktion nicht immer. Wenn der Organismus weniger «Futter» bekommt, schaltet er rasch auf Sparflamme. Was ist zu tun, wenn dem Diätplan mit großem Eifer nachgelebt wird, der Erfolg aber ausbleibt?

Bei einer Diät (Abnehmen mit dem Säure-Basen-Gleichgewicht ist keine Diät) wird der Stoffwechsel automatisch träger und langsamer. Die Fette in den Geweben verbrennen nur noch langsam und die Pfunde wollen nicht schwinden. Davon betroffen sind sehr viele Menschen, und dieses Problem kann nicht immer mit einer weiteren Kaloriensenkung gelöst werden. Die Wurzel aller Probleme ist der übersäuerte Organismus.

Das Durchhalten einer Diät ist für viele ein großes Problem. Vielleicht ist sie zwar erfolgreich und die Pfunde schwinden, aber die Nahrung sättigt schlecht und löst nur schwer bezähmbaren Hunger aus. Da wird man immer wieder auf eine harte Probe gestellt. Und da die Regel bekanntlich nicht stimmt, je größer der Hunger, desto größer die Gewichtsreduktion, kann die Motivation arg strapaziert werden.

Bei einer Diät treten auch Schwierigkeiten nervöser Natur auf: Energiemangel, große Mattigkeit, depressive Zustände, Gereiztheit usw.

ÜBERSÄUERUNGS-FAKTOREN

- Streß
- Überanstrengung
- Genußmittel wie Kaffee, Schwarztee, Alkohol, Nikotin
- raffinierter Zucker
- schlechte und falsche Nahrungsmittelkombinationen
- zu viel Rohkost, insbesondere am Abend. Durch den Gärprozeß entstehen große Mengen von Säuren.
- zu viel Obst – vor allem unreifes und saures Obst, besonders in der kalten Jahreszeit und am Abend.
- zu viel Getreide
- schlecht gekaute Nahrung
- üppiges Essen
- zu viel tierisches Eiweiß (Fleisch, Fisch, Eier, Käse, Milch und Milchprodukte)
- Haß
- Neid
- Ärger
- Eifersucht
- Angst

DIE KLASSIERUNG DER LEBENSMITTEL AUFGRUND IHRES PH-WERTES

Die Substanzen können in zwei große Gruppen eingeteilt werden: in saure und basische Stoffe. Für den Laien unterscheidet sich die Säure von der Base oder der Lauge durch ihren säuerlichen Geschmack. Säuren sind auch aggressiver als Basen. Die Essigsäure zerstört Kalkablagerungen, die Säure im Colagetränk fördert Zahnkaries, die Zitrone greift Marmor an usw.

Eine präzise Klassierung, was sauer ist und was nicht, drängt sich deshalb auf, weil selbst geschmacklich nicht saure Produkte, z. B. der weiße Zucker, eine stark säurebildende Wirkung haben können. In der Chemie werden Säuren als Körper definiert, die Wasserstoffionen (H+) freisetzen, wenn sie in Wasser aufgelöst werden, während die Basen Hydroxylionen (OH) freisetzen. Säuren und Basen besitzen gegensätzliche chemische Eigenschaften und neutralisieren sich gegenseitig, so daß beim Zusammentreffen einer Säure und einer Base ein neutrales Salz entsteht.

1 Säure + 1 Base = 1 neutrales Salz

Die Stoffe sind nicht alle gleich sauer. Die Wertskala des Säuregrades, pH genannt, reicht von 0 bis 14. Die Zahl 7 steht für Ausgewogenheit der Basen und Säuren, es handelt sich demnach um einen neutralen Wert. Je stärker die Säure, desto tiefer der pH-Wert, von 7 bis 0. Je größer die Basizität, desto höher der pH-Wert, nämlich von 7 bis 14.

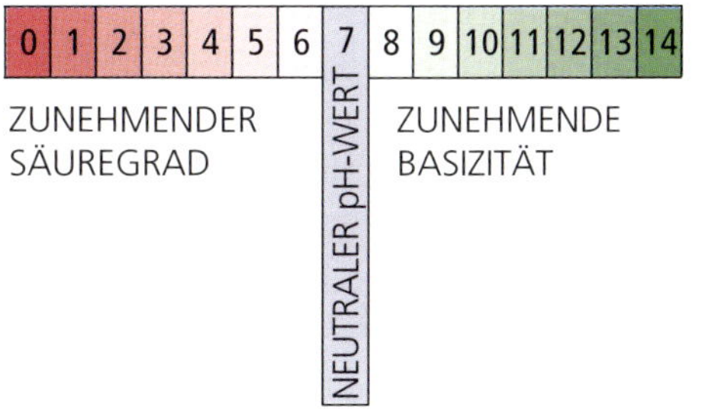

Das Messen des pH-Wertes erfolgt mit einem speziellen Papier, dem Lackmuspapier. Es verfärbt sich je nach Säuregrad stärker oder schwächer. Durch Vergleich mit der Farbskala kann man den pH-Wert des Produktes bestimmen.

DAS SÄURE-BASEN-GLEICHGEWICHT IM ORGANISMUS

Unsere Humore, d. h. alle organischen Säfte – Blut, Lymphe und Zellseren –, müssen eine ausgeglichene Zusammensetzung von Basen und Säuren aufweisen, um den Zellen und Organen, die in ihnen «baden», das richtige Milieu zu bieten.

Zellen und Organe – wie alles, was lebt – brauchen für ihre Entwicklung und zur Erfüllung ihrer Aufgaben ein bestimmtes Umfeld. Ihr Umfeld sind die organischen Humore, ein Umfeld, dem sie nicht entfliehen können und dessen gute oder schlechte Eigenschaften sich direkt auf ihre Gesundheit und ihre Funktion auswirken.

Der Organismus funktioniert am besten, wenn das innere Milieu einen pH-Wert von 7,4 aufweist, d. h. neutral ist. Geringe Abweichungen vom idealen pH-Wert, nämlich von 7,35 bis 7,45 sind möglich.

Ist das Gleichgewicht gestört und der Basenwert ist über 7,45, spricht man von Alkalose, d. h. von einer Verschiebung zu den Basen. Bei Zunahme des Säuregrades, von 7,35 und darunter, spricht man von Azidose.

Die Azidose, d. h. die Verschiebung zu den Säuren, ist weit mehr verbreitet als die Alkalose.

Ob Alkalose oder Azidose, in beiden Fällen übersteigt der pH-Wert im Organismus gesunde Werte. Funktionsstörungen und Krankheiten stellen sich ein.

Alle lebenswichtigen Abläufe im Inneren der Zellen und Organe können nur in einem bestimmten pH-Milieu, nahe bei 7,4, stattfinden, denn die biochemischen Reaktionen in unserem Körper erfolgen aufgrund der Enzymtätigkeit, und Enzyme arbeiten nur in einem bestimmten pH-Milieu.

Ohne Enzyme kein Stoffwechsel

Die Enzyme sind die kleinen Arbeiter, die die Verwertung der Nährstoffe erst möglich machen. Sie sind es, die beispielsweise Eiweißkörper in Aminosäuren umwandeln und Glukose in Energie. Hat ihr Arbeitsumfeld nicht mehr den idealen pH-Wert, nimmt ihr Fleiß ab. Der Umwandlungsprozeß verlangsamt sich desto mehr, je mehr der pH-Wert vom Idealwert abweicht. Organische Störungen sind unumgänglich und können bis zum totalen Zusammenbruch der Zellfunktionen führen.

Mit der Verlangsamung der Organfunktionen sprechen wir ein Problem an, das eine der Hauptschwierigkeiten bei Abmagerungskuren ist. Durch die Verlangsamung der Oxydation werden die Gewebefette trotz Drosselung der Kalorien schlecht abgebaut und bleiben in den Geweben eingelagert.

GEWICHTSREDUKTION

Gewichtsreduktion und Säuren

Bei einer Abmagerungskur muß immer Gewebe abgebaut werden. Die Bildung von Säuren ist in diesem Fall ganz normal und kann nicht verhindert werden. Kommt jedoch noch eine unausgewogene Diät hinzu, wird das Gewebe zusätzlich übersäuert, was die Enzymtätigkeit drastisch einschränkt.

Bei einer einseitigen Diät tendiert der pH-Wert zu Azidose, d. h. zu einem stark übersäuerten Milieu. Die Säuren resultieren einesteils aus dem Gewebeabbau, andernteils aus der Zusammensetzung der Diätkost, die vorwiegend aus säurebildenden Lebensmitteln besteht. Dafür verantwortlich sind vor allem Fleisch und Fisch, die zwar kalorien-, fett- und zuckerarm sind, aber reich an Säuren.

Beim Gewebeabbau werden nicht nur die Fettgewebe abgebaut. Zahlreiche weitere Substanzen wie Eiweißstoffe und Zucker oxydieren und werden in einfachere Verbindungen umgewandelt, die sich leichter verarbeiten, transportieren und ausscheiden lassen. Diese Umwandlungen finden in einer Reihe von Zwischenprozessen statt, von denen einige säurebildend wirken. Meistens werden diese Säuren in einer nächsten Etappe in Basen umgewandelt, sofern die Enzyme ihre Aufgabe wahrnehmen können.

In einem sauren Milieu können die Enzyme ihre Aufgabe nicht erfüllen, und die Kette der Nahrungsumwandlung wird im Säurestadium viel öfter unterbrochen. Ein wahrer Teufelskreis, denn je saurer das Milieu, desto mehr Säuren werden produziert und desto schwieriger ist die Gewichtsreduktion.

Gewichtsreduktion und Hunger

Weshalb kommt es während einer Abmagerungskur zu quälenden Hungerattacken? Ganz einfach deshalb, weil der Organismus das Säure-Basen-Gleichgewicht nicht kampflos preisgibt. Eine der ihm zur Verfügung stehenden Möglichkeiten besteht darin, die vorhandenen Säuren durch Basen zu neutralisieren. Dazu braucht er basenbildende Lebensmittel. Damit ihm die fehlenden Basen auch tatsächlich zugeführt werden, greift der Organismus wie bei jedem anderen Manko zum gleichen Mittel: er löst ein Hungergefühl aus.

Der Hunger kann allgemeiner Natur sein, d.h. es stellt sich nicht ein Verlangen nach einem bestimmten Lebensmittel ein. Das ist dann der Fall, wenn dem Organismus verschiedene Nährstoffe mangeln. Bei Verlangen nach einem bestimmten Lebensmittel kann man davon ausgehen, daß der benötigte Stoff in diesem Produkt enthalten ist. Ein Verlangen nach Zucker besteht zum Beispiel bei vermindertem Blutzuckergehalt, ein Verlangen nach Mandeln bei Magnesiummangel.

In unserer Wohlstandsgesellschaft ist der Hunger nur selten auf einen Mangel an Nährstoffen wie Eiweiß, Fett oder Lipide zurückzuführen, kommen sie doch in vielen Nahrungsmitteln in (zu) großen Mengen vor.

Bei einer Abmagerungskur ist der Hunger nicht auf einen Mangel an Eiweiß, Fett oder Lipiden zurückzuführen. Übergewichtige haben davon große Mengen im Gewebe eingelagert.

Zu einem Hungergefühl kommt es heutzutage vor allem bei einer Unterversorgung mit Vitaminen, Mineralstoffen und Spurenelementen. Diese Stoffe tragen auch zur Entsäuerung des Milieus bei. Die Vitamine und Spurenelemente fördern und ermöglichen überhaupt erst die Enzymtätigkeit; bei vollständiger Umwandlung der abgebauten Substanzen wird die Säureproduktion stark verringert. Die Mineralien Kalium, Kalzium und Magnesium sind basische Stoffe, die der Organismus zur Neutralisierung der Säuren verwendet.

Die Übersäuerung des Milieus und der Mangel an basischen Stoffen kann starke, anhaltende Hungergefühle auslösen. Der Hunger kann mit einer basenreichen Kost problemlos gestillt werden.

Zivilisationskrankheiten und Säuren

Wenn die Nahrung arm an Basen ist, können die Säuren nicht neutralisiert und umgewandelt werden: sie werden in ihrer sauren Form im Gewebe eingelagert. Wird die Ernährung nicht umgestellt, wird das Milieu immer saurer, und gesundheitliche Probleme sind programmiert.

Die Säuren sind äußerst aggressiv, nicht nur verletzen sie das Gewebe, sondern können es teilweise sogar zerstören. Die häufigsten Beschwerden/Krankheiten einer Azidose sind: Gelenkserkrankungen, Nervenprobleme, Bronchitis, Ekzeme, Entzündung des Dünndarms, Drüsenstörungen und Schwächung des Immunsystems. Die Beschwerden kommen auf leisen Sohlen und können sich mit extremem Haarausfall, brüchigen oder geschichteten Fingernägeln, fahler, trockener Haut, fehlendem Elan und schneller Müdigkeit ankündigen.

Energiemangel und Säuren

Gerade mangelnder Elan und schnelle Ermüdung sind typische Symptome eines übersäuerten Körpermilieus. Sie sind vergleichbar mit einer großen Kraftanstrengung, bei der die in den Muskeln produzierten Gifte sich einlagern und deren Arbeit erschweren. Diese Belastung erleben wir als Ermüdung. Sie zwingt den Organismus zur Ruhe, damit er das Gewebe «reparieren» und eine vorschnelle Abnutzung verhindern kann. Um zu erfahren, wie stark die Ermüdung vom Milieuzustand abhängt, kann man dem ermüdeten Muskel die saure Flüssigkeit entziehen und in einen ausgeruhten Muskel injizieren: er ermüdet augenblicklich.

Bei übersäuertem Milieu befindet man sich permanent in einer ähnlichen Situation wie ein müder Muskel. Fehlen die Basen, kann sich der Organismus von den Säuren nicht befreien. Man fühlt sich nicht nur ständig müde, sondern erlahmt rasch nach jeder Anstrengung und erholt sich nur langsam.

Müdigkeit und fehlende Schwungkraft während Abmagerungskuren sind auf einen zu hohen Säureanteil der Diätkost sowie auf den Abbau von Fett und Gewebe zurückzuführen.

Das Nervensystem braucht Basen

Der Körper bemüht sich, sein Milieu konstant auf einem pH-Wert von 7,4 zu halten. Wenn die basische Ernährung zur Korrektur nicht ausreicht, entnimmt der Organismus die Stoffe dem Gewebe. Es handelt sich dabei um die Mineralien Kalzium, Kalium, Natrium, Magnesium, Mangan, Kobalt, Eisen, Kupfer usw. Diese Minerale werden bei normalem Stoffwechsel allerdings nicht als spezielle Reserven für eine eventuelle Verschiebung des Säure-Basen-Gleichgewichts angelegt, sondern gehören zum Gewebe, sind also Teil des Gewebes. Diese Stoffe zirkulieren in Blut, Seren und Zellflüssigkeit.

Kleine Verschiebungen des pH-Wertes führen nur zu geringen Entnahmen von Basen. Doch je mehr der pH-Wert zu Azidose neigt und je älter das Problem, desto mehr basische Minerale müssen dem Gewebe entzogen werden, um die Übersäuerung des Terrains zu neutralisieren. Das kann eine starke Ausbeutung an Basen bedeuten und die Demineralisation des Gewebes zur Folge haben.

Die Übersäuerung des Terrains führt zwangsläufig zur Demineralisation des Organismus. Doch welche Minerale gehen auf diese Weise verloren? Leider handelt es sich hauptsächlich um Minerale, die das Nervensystem besonders benötigt, nämlich Magnesium, Kalzium und Kalium. Sie nähren die Nervenzellen und geben ihnen Widerstandskraft. Ein Mineralmangel schwächt die Nerven: Nervosität, Angstzustände, Gereiztheit und depressive Zustände sind die Folge.

Nervosität, Angstzustände, Gereiztheit und depressive Zustände sind häufige Begleiterscheinungen bei einer Abmagerungskur. Eine basenreiche Kost begrenzt oder verhindert die nervliche Belastung.

DIE NAHRUNGSMITTEL-GRUPPEN

Säurebildende Nahrungsmittel

Zu den säurebildenden Nahrungsmitteln zählen vor allem tierische Fette, Getreide und raffinierter Zucker.

- Fleisch, Geflügel, Wurstwaren, Fleischauszüge
- Fisch, Meeresfrüchte
- Eier
- Käse (je rezenter der Käse, desto saurer)
- alle raffinierten Öle und Erdnußöl und besonders die gehärteten pflanzlichen Fette
- alles Getreide; Weißmehlprodukte produzieren mehr Säure als Vollkornprodukte; stark säurebildend ist Hirse
- Hülsenfrüchte (Sojabohnen, weiße Bohnen usw.)
- raffinierter (weißer) Zucker
- Süßwaren und süßes Gebäck, z. B. Sirup, Schokolade, Bonbons, Marmelade, Geleefrüchte
- Ölfrüchte wie Walnüsse/Baumnüsse, Haselnüsse usw. (ausgenommen sind Mandeln)
- Genußmittel wie Kaffee, schwarzer Tee, Kakao, Wein
- industriell hergestellte Süßgetränke: Limonaden, Getränke auf Colabasis

Bei zahlreichen säurebildenden Lebensmitteln handelt es sich um Grundnahrungsmittel, die in der täglichen Ernährung nicht völlig ausgeklammert werden können. Es ist aber wichtig, einesteils den Verzehr einzuschränken, andernteils ausreichend basenbildende Produkte zu essen.

Basenbildende Nahrungsmittel

- Kartoffeln
- grünes Gemüse, roh oder gekocht
- Blattsalate
- farbiges Gemüse (außer Tomaten)
- Mais (frische Körner und Polenta)
- Milch (flüssig oder als Pulver), gut abgetropfter Quark, Sahne/Rahm
- frische Molke
- Bananen
- reife Früchte
- Mandeln, Paranüsse
- Kastanien
- Dörrobst (außer Aprikosen)
- alkalische Mineralwässer
- Mandelgetränke

Die Liste der basenbildenden Nahrungsmittel scheint bescheiden, verglichen mit jener der säurebildenden. Dem ist jedoch nicht so. Das große Gemüseangebot und die vielen Zubereitungsmöglichkeiten (Rohkost, Saft, Salat, Suppe, Hauptgericht) lassen keine Eintönigkeit aufkommen.

Saure Nahrungsmittel

- mehrere Stunden alte Molke
- Joghurt, Dickmilch, Kefir
- unreife Früchte (je unreifer die Frucht, desto saurer ist sie)
- Beeren: Erdbeeren, Stachelbeeren Johannisbeeren, Himbeeren usw.
- Zitrusfrüchte/-saft: Zitronen, Mandarinen, Grapefruits, Orangen usw.
- Steinobst: Kirschen, Zwetschgen, Aprikosen, Pfirsiche usw.
- Tomaten
- Rhabarber
- Sauerkraut
- Honig
- Essig

Saure Nahrungsmittel sind normalerweise basenbildend. Anders reagieren die Säuren bei Menschen, deren Säurestoffwechsel nicht optimal funktioniert. Anstatt daß die Säuren oxydieren und sich in basische Stoffe umwandeln, verbleiben sie in ihrer ursprünglichen Form im Organismus und übersäuern das Milieu. Früchte sollten bei dieser Veranlagung nur in sehr kleinen Mengen gegessen werden. Die einzig unbedenklichen Früchte sind Dörrfrüchte (außer Aprikosen), Bananen, süße Birnen und Melonen.

Ob man zur «Risikogruppe» gehört, läßt sich nach einem größeren Verzehr saurer Lebensmittel leicht feststellen. Hat sich das allgemeine Wohlbefinden nach dem Verzehr verbessert oder verschlechtert? Sind die Symptome einer Übersäuerung, z. B. Gereiztheit, Müdigkeit, Lustlosigkeit, verschwunden oder haben sie sich verstärkt?

ERSATZ FÜR SÄUREBILDENDE NAHRUNGSMITTEL

Säurebildende Nahrungsmittel	**Weniger säurebildende oder basische Nahrungsmittel**
Kaffee	Kräutertee, Grüner Tee, Getreidekaffee (Reformhaus)
Alkohol	Gemüsesaft
Schwarztee	Grüner Tee
Fruchtsaft	Gemüsesaft (kein Tomatensaft)
weißer Zucker	Vollrohrzucker, Ahornsirup
Marmelade	Mandelpüree, Honig, Birnendicksaft
Weißmehlgebäck	Vollkorngebäck
Getreide allgemein	Kartoffeln, Mais, Kastanien
Nudeln/Teigwaren	Kartoffeln, Mais, Kastaniennudeln
Wurst, Käse	Vollmilchquark
Fleisch, Fisch	Tofu
Joghurt, Magermilch	Vollmilchquark, Rohmilchquark, Kurmolke
Öle und Fette, raffiniert	Pflanzenöle, kaltgepreßt
saure/unreife Früchte	süße/reife Früchte, z. B. Äpfel und Birnen, Melonen, Bananen
Walnüsse/Baumnüsse, Erdnüsse	Mandeln, Paranüsse
Hülsenfrüchte	Kartoffeln, Kastanien
Cola, Limonaden	stilles Mineralwasser, Kräutertee

DIE ERNÄHRUNG IM SÄURE-BASEN-GLEICH-GEWICHT

Die Natur verwöhnt uns mit einer breiten Palette an Nahrungsmitteln, die in der täglichen Ernährung nach Möglichkeit berücksichtigt werden sollen. Also nicht ausschließen, sondern die Menge anpassen.

Die Ernährung im Einklang mit dem Säure-Basen-Gleichgewicht verhindert einen Verzehr großer Mengen säurebildender Nahrungsmittel.

Die Regeln

Regel 1

Eine Mahlzeit darf nie nur aus säurebildenden Nahrungsmitteln bestehen, sondern muß mit basenbildenden Nahrungsmitteln kombiniert werden.

Schlechte und deshalb nicht empfehlenswerte Nahrungsmittel-Kombination: Als Hauptgang Fleisch mit Reis oder Nudeln, zum Dessert süßes Gebäck mit Kaffee (sämtliche Nahrungsmittel sind säurebildend).

Ideale Nahrungsmittel-Kombination: Kartoffeln mit Rohkost oder gedämpftem Gemüse (Kartoffeln, Rohkost und Gemüse sind basenbildend). Oder Fleisch/Fisch/Käse in Kombination mit gedämpften Gemüse (ohne Kartoffeln) und/oder Rohkost (Fleisch, Fisch und Käse sind säurebildend, Gemüse und Rohkost basenbildend).

Bei Kombination von säurebildenden und basenbildenden Nahrungsmitteln kann der Organismus die überschüssigen Säuren neutralisieren. Die Neutralisierung findet entweder direkt im Verdauungskanal oder später in den Geweben statt. Wichtig ist, daß der Körper nicht nach den Reserven greifen muß und der günstige pH-Wert des Milieus unverändert bleibt.

Regel 2

Die Menge basenbildender Nahrungsmittel muß größer sein als diejenige säurebildender Nahrungsmittel.

Der Organismus braucht mehrere basenbildende Nahrungsmittel, die unterschiedlich zubereitet sein können (roh, gekocht, Saft). Eine überwiegend aus pflanzlichen Nahrungsmitteln bestehende Mahlzeit muß nicht weniger nähren. Der Organismus benötigt nicht nur die «großen» Nährstoffe wie Kohlenhydrate, Eiweiß und Fett, sondern auch die weniger verfügbaren Nährstoffe wie Vitamine, Mineralstoffe und Spurenelemente, die vor allem in pflanzlichen Nahrungsmitteln vorkommen.

Regel 3

Eine rein basenbildende Kost ist während 1 bis 2 Wochen möglich, um den Säureüberschuß rasch zu neutralisieren und das gesunde pH-Milieu wiederherzustellen.

Eine starke Übersäuerung des Körpers erfordert einen raschen Ausgleich des pH-Wertes und demzufolge große Mengen an basenbildenden Nahrungsmitteln, um die in den Geweben angesammelten Säuren zu neutralisieren und auszuscheiden. Der Körper will die Säuren nicht in ihrer unveränderten sauren Form eliminieren, da diese die Ausscheidungsorgane in Mitleidenschaft ziehen würden. Er zieht es vor, sie in Form eines neutralen Salzes, d.h. einer neutralisierten Säure, zu entsorgen. Eine ausreichende Basenzufuhr ist also notwendig.

Eine strikt basische Kost (Gemüse, Früchte, Kartoffeln) ist zwar reich an Basen, aber arm an Proteinen. Wenn sie über längere Zeit praktiziert wird, kann es zu einem Eiweißmangel kommen. Eine rein basische Diät sollte nicht länger als maximal 2 Wochen dauern. Eine weniger strikte Diät mit reduziertem Proteinanteil darf länger dauern.

DIE ÜBERWACHUNG DES MILIEUS

Für ein übersäuertes Milieu – wir haben dies an anderer Stelle schon erwähnt – sind einige Symptome typisch: Müdigkeit, Energiemangel, Hungerattacken, Gereiztheit, Haarausfall, gespaltene Fingernägel, trockene Haut usw. Bei Zufuhr genügend basenbildender Kost sollten diese Symptome schon nach einigen Tagen nachlassen und später ganz verschwinden.

Normalerweise hat der Urin einen pH-Wert von 7. Ist das Terrain übersäuert oder die Nahrung zu säurereich, scheidet der Organismus über den Urin mehr Säure als üblich aus, d. h. der pH-Wert liegt unter 7. Je saurer das Terrain, desto tiefer der pH-Wert. Teststäbchen gibt es in Apotheken, Drogerien und Reformhäusern. Einige Tropfen Urin auf den Teststreifen genügen, um den pH-Wert zu bestimmen (das Papier verfärbt sich je nach Säuregrad).

Ein weiser Mensch sollte erkennen, daß die Gesundheit sein wertvollster Besitz ist, und lernen, wie er seine Krankheit nach seinem eigenen Urteil behandeln kann.

Hippokrates

Ein Urinwert von pH 6,5 bis 7,5 gilt als normal. Je tiefer der pH-Wert, desto saurer das Milieu. Die basenbildende Kost muß erhöht werden. Wenn der pH-Wert 7,5 übersteigt, ist der Basenanteil zu hoch, was nicht gefährlich ist, aber anzeigt, daß die Kost zugunsten mehr säurebildender Nahrung verlagert werden kann.

Für ein zuverlässiges Resultat muß die Messung mehrmals täglich, d. h. 2 bis 3 Mal wiederholt werden. Der erste Morgenurin ist normalerweise viel saurer als die nächsten Miktionen, da er alle in der Nacht angesammelten Säuren enthält, er ist also nicht wirklich repräsentativ. Zu berücksichtigen gilt auch, daß nebst der Nahrung auch Streß, Übermüdung, Anstrengung usw. den Wert nach unten verschieben.

BEGLEITENDE MASSNAHMEN BEI EINER GEWICHTSREDUKTION

Basische Mineralstoffpräparate

Bei starker Übersäuerung reicht die basenreiche Kost zu Beginn nicht aus, um das Milieu zu entsäuern. Da sind basische Mineralstoffpräparate eine große Hilfe. Im Handel gibt es Mischungen in Pulver- und Tablettenform. Die individuell richtige Dosis wird bestimmt, indem man zu Beginn nach Packungsbeschrieb dosiert und nachher aufgrund des Urintests (Seite 27) die Menge einstellt. Ziel ist, einen neutralen Urinwert, d. h. pH 7 zu erreichen. Ein Beispiel: Wird bei Einnahme von ½ Teelöffel Pulver 3mal täglich nur ein pH-Wert von 6,5 erreicht, müssen Dosis und Verzehr basenbildender Lebensmittel erhöht werden. Die Dosierung wird während einiger Wochen beibehalten, ohne den Urin zu kontrollieren. Danach sind eine Überprüfung und eine eventuelle Anpassung der Dosis sinnvoll. Denn je mehr sich das Terrain entsäuert, desto alkalischer wird der Urin. Er kann bis auf 7,5 oder 8 steigen.

Die Mineralstoffe der basischen Mischungen sind allgemein leicht verdaulich, vor allem in Form von Zitraten. Sie eignen sich deshalb auch für längere Kuren.

Eine vorwiegend basische Ernährung, ergänzt durch basische Minerale, sorgt für eine rasche Entsäuerung des Milieu und unterstützt damit die Gewichtsreduktion. Beschwerden wie Energiemangel, Gereiztheit, Hungerattacken usw. werden seltener oder verschwinden ganz.

Das Gewebe braucht Sauerstoff

Ein Teil der im Körper zirkulierenden Säuren kann durch den Oxydationsprozeß in basische Substanzen abgebaut werden. Der dazu notwendige Sauerstoff muß allerdings auch in den Tiefen des Gewebes vorhanden sein. Unsere sitzende Lebensweise ist für eine optimale Sauerstoffversorgung des Organismus völlig ungeeignet. Zu wenig körperliche Betätigung begünstigt zudem die Übersäuerung des Milieus.

Unser Körper braucht Bewegung an der frischen Luft, damit er genügend Sauerstoff aufnehmen kann und die Blutzirkulation angeregt wird. Das fördert die Umsetzung der Stoffe und die Versorgung auch tieferliegender Gewebsschichten mit Sauerstoff.

Für eine wirksame Oxydation der Säuren in basische Substanzen ist eine längere körperliche Anstrengung notwendig. Einige Minuten Atemlosigkeit haben nicht die gleiche Wirkung wie eine Stunde Tennis, schneller Fußmarsch, Schwimmen oder Gartenarbeit.

Körperliche Betätigung als wirksames Mittel bei der Entsäuerung des Organismus wurde lange Zeit unterschätzt. Einige Bürostunden reichen, um den pH-Wert auf 5 absinken zu lassen. Genau so schnell kann sich dieser Wert aber erholen, wenn wir uns z. B. einen stündigen Fußmarsch in Wald und Wiese gönnen. Dazu braucht es weder eine basische Verpflegung noch ein Nahrungsergänzungsmittel. Wichtig ist, daß wir uns täglich körperlich betätigen und die Tiefen des Gewebes gut «durchlüften".

Durch regelmäßige körperliche Betätigung wird die Sauerstoffzufuhr verbessert, das Milieu wird rascher entsäuert und die Fettablagerungen werden schneller verbrannt.

Heilpflanzen für die Entsäuerung über die Nieren

Mit harntreibenden Heilpflanzen können wir die Funktion der Nieren anregen und die Entsäuerung unterstützen. Die Urinmenge ist größer, die Miktionen häufiger, der Urin verfärbt sich dunkel und riecht wegen der ausgeschiedenen Giftstoffe und Säuren stark. Ist das nicht der Fall, muß die Pflanzendosis erhöht werden. In der Tat werden die Kräuter für die Infusionen oft zu niedrig dosiert, man läßt den Aufguß zu kurz ziehen oder beschränkt sich auf 1 bis 2 Tassen pro Tag, was eindeutig zu wenig ist.

Eine Teekur muß für eine Tiefenwirkung mindestens 3 bis 6 Wochen dauern. Es ist unrealistisch zu glauben, daß während Jahren angesammelte Säuren im Gewebe sich in wenigen Tagen ausscheiden lassen.

Schwarze Johannisbeere (Cassis)

Verwendet werden die harntreibenden Blätter, die ein bekömmliches Aroma haben.

Dosierung: Eine Handvoll (40 g) Blätter auf 1 Liter Wasser oder 1 Eßlöffel auf eine Tasse. Blätter mit kochendem Wasser übergießen, 10 Minuten ziehen lassen. Abseihen. Mindestens 3 Tassen täglich, vor oder nach den Mahlzeiten.

Artischocken

Die Blätter der Pflanze, nicht die Hochblätter der eßbaren Blume haben eine gute harntreibende Wirkung. Sie regen zudem die Funktion der Leber an. Bitteres Getränk.

Dosierung: 10 g Blätter auf 1 Liter Wasser oder 1 Teelöffel auf eine Tasse. Blätter mit kochendem Wasser übergießen, 10 Minuten ziehen lassen. Abseihen. 3 Tassen täglich, vor den Mahlzeiten.

Kirschenstiele

Die Kirschenstiele sind für ihre harntreibende Wirkung bekannt. Bei Verzehr von frischen Früchten kann man die Stiele trocknen. Man erhält ein erfrischendes Getränk.

Dosierung: 1 Handvoll Kirschenstiele auf 1 Liter Wasser. Stiele mit kochendem Wasser übergießen, 10 Minuten ziehen lassen. Abseihen. 3 Tassen täglich.

Lindenholz

Ausgezeichnetes Mittel zur Säureableitung. Wird als Absud zubereitet.

Dosierung: 40 g Rindenschnitzel auf 1 Liter Wasser. Baumrinden und Wasser aufkochen, bis auf 1/4 einkochen lassen. Den Absud während des Tages trinken. Eine Kur von 20 Tagen pro Monat machen, wiederholen.

Teemischung

20 g Salbei
10 g Fenchelsamen
10 g Stiefmütterchen
20 g Birkenblätter
10 g Löwenzahnblätter
20 g Brennesselblätter
10 g Geißfuß

Dosierung: 1 Teelöffel auf eine Tasse. Die Teemischung mit kochendem Wasser übergießen. 5 Minuten ziehen lassen. Abseihen. 3 Tassen täglich, 30 Minuten vor der Mahlzeit. Den Tee kurmäßig während 3 bis 4 Wochen trinken.

Die Entsäuerung über die Haut

Die Haut, genauer gesagt die Schweißdrüsen, ist ein Ausscheidungsorgan für Giftstoffe. Das Schwitzen bei körperlicher Betätigung ist zweifellos eines der wirksamsten Mittel zur Ausscheidung der Säuren. Die Anregung des Blutkreislaufs durch verstärkte Muskelbeanspruchung holt die Säuren aus den Tiefen des Gewebes und scheidet sie in viel größeren Mengen als üblich über die Haut aus.

Ideal zum Schwitzen sind Sauna und Wannenbäder. Zusätzlich unterstützt werden kann die Ausscheidung, wenn man das Bad mit Basenpulver, Zuckerrübenmelasse, echter schwarzer Zuckerrohrmelasse ("Das schwarze Wunder") oder Kanne-Brottrunk anreichert.

Kampf den sauren Elementen im Alltag

Wer in Harmonie mit dem Säure-Basen-Gleichgewicht leben will, der sollte nebst ausgewogener Ernährung versuchen, den positiven Seiten des Lebens viel Raum zu geben.

säurebildende Elemente	basische Elemente
Haß	Liebe
Grausamkeit	Demut
Intoleranz	Harmonie
Frust	Schönheit
Agressivität	Licht
Sucht	Toleranz
Lügen	Ruhe
Dunkelheit	Großzügigkeit
Krieg	Meditation
Maßlosigkeit	Freude
Erdstrahlen	Lebensfreude
Elektrosmog	Wahrheit

Jeden Tag Sonne

Jeden Tag als eine Gabe, ein Geschenk annehmen
und wenn möglich als ein Fest. Steh morgens nicht zu spät auf.
Schau in den Spiegel und lach Dich selber an, und sag
«guten Morgen» zu Dir, dann bist du schon in Übung und kannst es auch
zu anderen sagen. Wenn Du die Zutaten der Sonne kennst,
kannst du sie selber machen, so gut wie das
tägliche Essen:

Nimm eine große Portion «Güte»,
dazu einen ordentlichen Schuß «Geduld», Geduld mit
Dir «selbst» und «anderen». Vergiß die Prise Humor nicht,
um die Mißerfolge zu verdauen. Mische ein gehöriges Maß
«Arbeitslust» hinein und gieße über «alles» ein
großes «Lächeln»... und Du hast
«jeden Tag Sonne».

Phil Bosmann

DER ERSTE MONAT

- 1 bis 2 Molke- oder Gemüsetage wöchentlich während der ersten 2 Wochen; kann in der 3. und 4. Woche nach Belieben beibehalten werden.
- 1 Reistag ab 3. und in den folgenden Wochen
- rein basische Ernährung (Seiten 40–76) während 2 Wochen, nachher basenüberschüssige Ernährung (Seiten 40–76).
- täglich mindestens 1 Liter kohlensäurefreies, mineralstoffarmes Wasser trinken. Das fördert die Entschlackung
- täglich 1 Liter Entschlackungstee nach Wahl (Seiten 30/31) trinken.
- Bohnenkaffe durch Getreidekaffee oder grünen Tee ersetzen
- keinen Alkohol trinken
- auf das Rauchen verzichten
- abends keine Rohkost (ungekochtes Gemüse) und keinen Salat essen
- basisches Mineralstoffpräparat zur Unterstützung der Entsäuerung (Seite 28) einnehmen
- ausreichend Bewegung, mindestens 1 Stunde täglich (Seite 29)
- Atemtraining für tiefes und entspannendes Atmen
- Entspannungsübungen, z. B. Meditation, Entspannungsmusik, Yoga, Autogenes Training usw.
- Saunabesuch oder Basenbäder 2mal wöchentlich (Seite 31)

Gemüsetag

1/2 Stunde vor jeder Mahlzeit

- 100 ml/1 dl Kanne-Brottrunk oder
- 100 ml/1 dl Kurmolke (Seite 36)

Frühstück

- 300 ml/3 dl frisch gepreßter Gemüsesaft (evtl. aus dem Reformhaus)

Zwischendurch

- Entschlackungstee (Seiten 30/31)

Mittagessen

Gemüseteller

- 200 g Schalenkartoffeln
- 350 – 400 g Gemüse, z. B. Möhren/Karotten, Kürbis, Zucchini, Fenchel, Spinat
- einige Tropfen kaltgepreßtes Oivenöl extra vergine
- einige Tropfen Zitronensaft
- frische Kräuter, fein gehackt

1. Die Schalenkartoffeln im Dampf garen. Nach Belieben schälen.

2. Das Gemüse im Dampf garen; Gemüse mit kürzerer Kochzeit später dazugeben.

3. Gemüse und geschälte Kartoffeln mit Olivenöl, Zitronensaft und frischen Kräutern würzen.

Zwischendurch

- Entschlackungstee (Seiten 30/31)

Nachtessen

- wie Mittagessen, aber ohne Kartoffeln
- eventuell zusätzlich 200 ml/2 dl Gemüsebrühe

Getränke

- Über den Tag verteilt 2 bis 3 Liter Flüssigkeit. Gut geeignet sind stilles Mineralwasser (z. B. Volvic), schwacher Kräutertee oder Leitungswasser (eventuell gefiltert). Nach Belieben zusätzlich 1 bis 2 Tassen schwacher Getreidekaffee oder Grüner Tee.

Die Mengen sind für 1 Person berechnet

Reistag

Frühstück

- 2 Reiswaffeln
- 1 süßer Apfel

Mittagessen

- 50 g roher Naturreis, gekocht (Seite 118)
- 200–300 g gedünstetes Gemüse (siehe Gemüsetag, Seite 34)

Nachtessen

- 50 g roher Naturreis, gekocht (Seite 118)
- 200–300 g gedünstetes Gemüse (siehe Gemüsetag, Seite 34)

Getränke

- Über den Tag verteilt 2 Liter Flüssigkeit, d.h. je 1 Liter stilles Mineralwasser und schwacher Kräutertee.

Obsttag

Vitale Menschen mit guter Konstitution können im Sommer auch Fruchttage einschalten. Die Früchte gut und genüßlich kauen.

- Über den Tag verteilt 1 kg reife, süße Früchte essen, z. B. Äpfel, Birnen, Melonen usw.

Getränke

- Über den Tag verteilt 2 Liter Flüssigkeit, d. h. je 1 Liter stilles Mineralwasser und schwacher Kräutertee.

Die Mengen sind für 1 Person berechnet

Molketag

Frühstück

- 200–300 ml/2–3 dl Kurmolke
- Kräutertee nach Wahl

Zwischenverpflegung

- 200 ml/2 dl Kurmolke
- Kräutertee nach Wahl
stilles Mineralwasser

Mittagessen

- 200–300 ml/2–3 dl Kurmolke
- Kräutertee nach Wahl
stilles Mineralwasser

Zwischenverpflegung

- 200 ml/2 dl Kurmolke
- Kräutertee nach Wahl
stilles Mineralwasser

Nachtessen

- 200 ml/2 dl Kurmolke oder
- 2 Tassen salzarme Gemüsebrühe/-bouillon oder
- 2 Tassen Gemüsesuppe (Seite 43)

Kurmolke

Die Kurmolke ist in Pulverform im Reformhaus, im Bioladen oder in der Drogerie erhältlich. Molke nach Anleitung zubereiten. Für einen Liter Molke benötigt man normalerweise 60 g Molkenpulver, das wahlweise mit kaltem, warmem oder heißem Wasser angerührt werden kann. Molke in kleinen Schlucken trinken, damit sie sättigt.

Getränke

Zusätzlich zur Molke 2 Liter Flüssigkeit trinken. Geeignet sind stilles Mineralwasser, z. B. Volvic, und/oder Kräutertee oder Entschlackungstee.

Ruhe

Gönnen Sie sich an einem Molketag genügend Ruhe und Muße. Solche Tage sollten mit Vorteil nicht mit der Arbeit zusammenfallen.

Die Mengen sind für 1 Person berechnet

DIE WOCHEN DANACH

Allen, die ihr Idealgewicht noch nicht erreicht haben, empfehlen wir, sich auch in den kommenden Wochen an die Rezepte in diesem Buch zu halten. Nach wie vor Gültigkeit haben zudem die Empfehlungen «Der erste Monat", Seite 33.

Nachdem das persönliche Wohlfühlgewicht geschafft ist, möchte man dieses selbstverständlich auch halten. Das ist bei einer basenüberschüssigen Ernährung, wie sie in diesem Buch empfohlen wird, problemlos möglich. Kleine Korrekturen bezüglich Nahrungsmittelmengen sind jetzt erlaubt:

◢ Getreide (Rohgewicht)	50–60 g/Person (bisher 40 g)
◢ Nudeln/Teigwaren (Rohgewicht)	70–80 g/Person (bisher 50 g)
◢ Kartoffeln	200–250 g/Person

Ferner dürfen in den wöchentlichen Speiseplan integriert werden:

◢ 1- bis 2mal wöchentlich Fleisch/ Geflügel, in Kombination ◢ mit Gemüse/Salat (ohne Kartoffeln)	100–120 g/Person/Mahlzeit
◢ 1- bis 2mal wöchentlich Fisch, in Kombination mit ◢ Gemüse/Salat (ohne Kartoffeln)	100–120 g/Person/Mahlzeit

Die Empfehlungen bezüglich Nahrungsmittel-Kombinationen und Nahrungsmittelqualität decken sich weitgehend mit der Neuen Trennkost (siehe Literaturhinweis Seite 125).

1. Die Nahrungsmittel sollen gesund und vollwertig sein, d. h. Vollkorn statt Weißmehl, Honig und Vollrohrzucker statt Kristallzucker.

2. Der Körper braucht viele basenbildende Lebensmittel, vor allem Gemüse und Salat. Abends besser auf rohen Salat verzichten, da er bei vielen Menschen Gärungsprozesse (Säurebildung) auslöst, stattdessen gedünstetes Gemüse essen.

3. Nur reife Früchte essen und diese gut kauen. Abends besser darauf verzichten, da sie bei vielen Menschen Gärungsprozesse (Säurebildung) auslösen. Ferner empfiehlt es sich, die Früchte möglichst allein und 30 bis 60 Minuten vor einer Mahlzeit zu essen.

4. Konzentrierte Eiweißprodukte wie Fleisch, Fisch, Eier, Käse, Tofu (alle säurebildend) nicht mit kohlenhydratreichen Nahrungsmitteln (viele von ihnen sind säurebildend) kombinieren. Durch die Trennung von Eiweiß und Kohlenhydraten wird die Verdauung verbessert, und gleichzeitig werden Gärungs- und Fäulnisprozesse vermieden.

REIN BASISCHE REZEPTE

Mandelmilch mit Früchten und Nüssen

- 10 Mandeln
- 2 getrocknete Feigen
- 2 getrocknete Datteln
- 1 Handvoll ungeschwefelte Rosinen

Mandelmilch

- 3 EL weißes Mandelmus (Bioladen/Reformhaus)
- 2 TL Akazienhonig
- 1 Prise Vanillepulver
- 400 ml/4 dl kaltes oder warmes Wasser

1. Sämtliche Zutaten für die Mandelmilch pürieren. Die Milch in hohe Gläser füllen.

2. Mandeln und Früchte separat servieren.

Tip: Die Früchte über Nacht in kaltem Wasser einlegen. Feigen und Datteln am Morgen in Streifen schneiden, die Mandeln grob hacken. Alles mischen.

Variante: Mandeln und Früchte durch 1 Banane (pro Person) ersetzen.

Basenmüsli

für 1 Person

- 1 reifer, süßer Apfel
- 2 EL Kastanienflocken
- 1 EL Schlagsahne/Rahm
- 1 TL geriebene Mandeln
- 1 Prise Zimt- oder Vanillepulver

1. Den Apfel samt Schale mit der Bircher-Rohkostreibe reiben. Die Flocken daraufstreuen. Mit der Sahne übergießen. Nach Belieben mit Zimt oder Vanillepulver würzen.

Tip: Mit einem Glas Molke (Seite 36) oder einer Tasse grünem Tee trinken.

Abbildung
Mandelmilch mit Früchten und Nüssen

Bunte Gemüsesuppe

- 500 g Gemüse, je nach Marktangebot, z. B. Bohnen, Kohlrabi, Brokkoli, Zucchini, Zuckerschoten/Kefen, Möhren/Karotten, Kartoffeln, Pastinaken, Kürbis
- 1 l Gemüsebrühe/-bouillon
- 1 EL Petersilie, fein gehackt
- Meersalz

1. Das Gemüse in mundgerechte Stücke schneiden. In der Gemüsebrühe 15 bis 20 Minuten garen, bis das Gemüse weich ist. Mit der Petersilie und dem Meersalz abschmecken.

Tip: Diese Suppe eignet sich ausgezeichnet für einen Gemüsetag. Nach Belieben kann sie auch mit einem Blattsalat oder mit einem Glas Gemüsesaft kombiniert werden.

Abbildung
Bunte Gemüsesuppe

Zucchinisuppe mit Curry

- 1 EL kaltgepreßtes Olivenöl extra vergine
- wenig Gewürzpaprika/Peperoncini, klein gewürfelt (Brunoise)
- 1 kleine Zwiebel, fein gehackt
- 300 g Zucchini, gewürfelt
- 1 TL milder Curry
- 1 TL Pfeilwurzelmehl
- 400 ml/4 dl Gemüsebrühe
- 2 EL Crème fraîche
- Meersalz
- Pfeffer aus der Mühle
- frische Kräuter, nach Belieben

1. Gewürzpaprika und Zwiebeln im Olivenöl anschwitzen. Zucchini dazugeben und mitanschwitzen. Curry und Pfeilwurzelmehl darüberstreuen. Mit der Gemüsebrühe ablöschen. Aufkochen und auf kleinem Feuer zugedeckt 12 Minuten köcheln lassen. Die Suppe pürieren.

2. Zucchinisuppe zusammen mit der Crème fraîche aufkochen. Mit Salz und Pfeffer würzen. Die Kräuter darüberstreuen.

Tip: Mittags mit einem großen bunten Salat servieren, abends ohne Salat.

Möhrensuppe mit «Spaghetti»

- 500 g Möhren/Karotten, zerkleinert
- ca. 1 l Gemüsebrühe/-bouillon
- 1 Prise Muskatnuß
- Kräutermeersalz
- 1 Prise Kreuzkümmel
- wenig Petersilie, fein gehackt
- 1 Möhre für die rohen «Spaghetti»

1. Die Möhren in der Gemüsebrühe sehr weich kochen, 15 bis 20 Minuten. Die Suppe pürieren. Abschmecken.

2. Aus der restlichen Möhre mit der Légumette Endlos-Spaghetti drehen. Wer kein Gerät hat, zieht mit dem Sparschäler Streifen ab und halbiert oder drittelt diese in Längsrichtung.

3. Die heiße Möhrensuppe anrichten. «Spaghetti» und Petersilie darüberstreuen.

Schlanke Linie: Die Suppe wird als leichtes Mittag- oder Nachtessen serviert. Bei wenig Übergewicht oder langsamer Gewichtsreduktion reicht man dazu ab 3. Woche noch eine Scheibe getoastetes Vollkornbrot (pro Person). Mittags läßt sich die Suppe mit einem bunten Salat oder mit einer halben Melone kombinieren.

Kastaniensuppe mit Majoran

- 400 g geschälte Kastanien, frisch oder tiefgekühlt
- 500–600 ml/5–6 dl Gemüsebrühe/-bouillon
- 100 g/1 dl Schlagsahne/Rahm
- 1 TL Kurkuma/Gelbwurz (für die Farbe)
- Kräutermeersalz
- frischer Majoran, fein gehackt

1. Die Kastanien in der Gemüsebrühe 15 Minuten weich kochen. Pürieren.

2. Die Suppe zusammen mit der Sahne und dem Kurkuma aufkochen. Gut würzen. Je nach Konsistenz mit wenig Gemüsebrühe verdünnen. Mit dem Majoran abschmecken.

Schlanke Linie: Diese Suppe eignet sich als leichtes Nachtessen. Bei wenig Übergewicht oder langsamer Gewichtsreduktion kann sie mit einem gekochten Gemüsesalat (Seite 53) oder mit einer Portion Thymiankartoffeln (Seite 69) kombiniert werden.

Abbildung
Möhrensuppe mit «Spaghetti»

Kartoffel-Kürbis-Suppe

- 250 g Kartoffeln, gewürfelt
- 1/2 Zwiebel, fein gehackt
- 300 ml/3 dl Gemüsebrühe/ -bouillon
- 100 ml/1 dl Vollmilch
- Pfeffer aus der Mühle
- 1 Prise Curry
- 1 Prise Muskatnuß
- 150 g Kürbis, z. B. Oranger Knirps oder Muscade de Provence, geschält
- 1/2 EL fein gehackter Dill oder
- 1/2 EL fein gehackte Petersilie

1. Kartoffeln und Zwiebeln in der Gemüsebrühe weich kochen. Die Milch und die Gewürze dazugeben. Die Suppe pürieren.

2. Kürbis klein würfeln. Im Dampf bißfest garen.

3. Die Kartoffelsuppe aufkochen. Die Kürbiswürfelchen und die Kräuter dazugeben.

Tip: Ein leichtes Nachtessen.

Bohnen-Kresse-Suppe

- 250 g grüne Bohnen, zerkleinert
- 1/2 EL kaltgepreßtes Oliven- oder Olivenöl
- 1 Knoblauchzehe
- 1/2 TL Bohnenkraut
- Koriander
- Kreuzkümmel
- Kurkuma
- Meersalz
- Pfeffer aus der Mühle
- 600 ml/6 dl Gemüsebrühe/ -bouillon
- 80 g Gartenkresse

1. Den durchgepreßten Knoblauch im Öl anschwitzen. Die Bohnen dazugeben und mitanschwitzen. Würzen. Mit der Gemüsebrühe ablöschen. Aufkochen und auf kleinem Feuer köcheln lassen, bis die Bohnen gar sind. Die Kresse dazugeben. Pürieren. Die Bohnensuppe aufkochen und abschmecken. Sofort servieren.

Tip: Zusammen mit einer Scheibe Vollkornbrot erhält man ein komplettes Nachtessen.

Variante: Vor dem Pürieren einen Teil der Bohnen aus der Suppe nehmen und nachher wieder beifügen.

Brüsseler Endivie mit Fenchel und Bananen

- 2 Brüsseler Endivien/weißer Chicorée
- 1 kleiner Fenchel
- 1 kleine Banane, gut reif
- Salatblätter für die Garnitur

Sauce

- 2 EL Schlagsahne/Rahm
- 2 EL milder Apfel- oder Reisessig (Reformhaus/Bioladen)
- 1 EL kaltgepreßtes Sonnenblumenöl
- 1 Prise Kurkuma/Gelbwurz (für die Farbe)
- 1 TL milder Curry
- Pfeffer aus der Mühle
- Meersalz

1. Brüsseler Endivie halbieren. Den bitteren Teil keilförmig herausschneiden. Die Hälften in feine Streifen schneiden. Den Fenchel mit dem Gemüsehobel in feine Scheiben hobeln. Die Banane in dünne Scheiben schneiden.

2. Gemüse und Bananen mit der Sauce mischen. Auf dem Salat anrichten.

Tip: Mit im Dampf gegarten Kartoffeln oder ab 3. Woche mit einer Scheibe Vollkornbrot mit Quark (Seite 78) servieren.

Chinesischer Lauchsalat mit Tomaten

- 300 g Lauch
- 3 reife Tomaten

Sauce

- 1/2 EL Sojasauce
- 1 EL Balsamessig
- 2 EL kaltgepreßtes Olivenöl extra vergine
- Pfeffer aus der Mühle
- Kräutermeersalz
- 1 Prise Ingwerpulver
- einige Pfefferminzblättchen, fein gehackt

1. Den Lauch längs halbieren und in 1 cm lange Stücke schneiden. Im Dampf 5 Minuten garen.

2. Bei den Tomaten den Stielansatz sorgfältig kreisförmig herausschneiden. Die Früchte in Scheiben oder in dünne Spalten schneiden.

3. Lauch und Tomaten anrichten. Mit der Sauce beträufeln.

Tip: Mit Rosmarinkartoffeln (Seite 76) servieren.

Avocado-Paprika-Salat

- je 1 roter und gelber Gemüsepaprika/Peperoni
- 2 reife Avocados
- Saft einer Zitrone
- Kräutermeersalz
- Pfeffer aus der Mühle
- 10 ganze Mandeln

Sauce

- 1 EL Zitronensaft oder milder Apfelessig
- 1 EL Gemüsebrühe/-bouillon
- 1 TL Balsamessig
- 2 EL kaltgepreßtes Olivenöl extra vergine
- Pfeffer aus der Mühle
- Kräutermeersalz
- 1 EL gehackte Petersilie oder
- 1 EL fein geschnittenes Basilikum

1. Gemüsepaprika halbieren. Stielansatz und Kerne entfernen. Die Fruchthälften sehr klein würfeln. Mit der sämig gerührten Sauce mischen. 10 Minuten marinieren.

2. Avocados schälen, halbieren und entsteinen. Die Fruchthälften in Spalten schneiden. Sofort mit Zitronensaft beträufeln.

3. Paprikasalat auf die Teller verteilen. Die Avocadospalten darauflegen. Mit Salz und Pfeffer würzen. Mit den Nüssen garnieren.

Tip: Die Mahlzeit mit einer Tasse fettarmer Gemüsebrühe/-bouillon beginnen. Wenn man die Mandeln durch Walnüsse/Baumnüsse ersetzt, ist der Salat nicht mehr rein basisch.

Schlanke Linie: Bei wenig Übergewicht oder langsamer Gewichtsreduktion kann der Salat mit 200 g Ofenkartoffeln (pro Person) oder ab 3. Woche mit einer Scheibe Vollkornbrot (pro Person) kombiniert werden.

Bunter griechischer Gemüsesalat

- 200 g gelber, grüner und roter Gemüsepaprika/Peperoni, gemischt
- 200 g Auberginen oder Kürbis (ohne Schale)
- 300 g Kartoffeln
- 2 Portionen Blattsalat
- 10 Basilikumblätter, in Streifen

Sauce

- 50 ml/0,5 dl Gemüsebrühe/-bouillon
- 1 1/2 EL Balsamessig oder
- 1 1/2 EL Brottrunk
- 3 EL kaltgepreßtes Olivenöl extra vergine
- Kräutermeersalz
- Pfeffer aus der Mühle
- 1 kleine Zwiebel, fein gehackt

1. Paprika halbieren, Stielansatz und Kerne entfernen. Die Früchte in Quadrate schneiden. Auberginen beidseitig kappen, würfeln. Kartoffeln und Kürbis ebenfalls würfeln.

2. Das Gemüse im Dampf bißfest garen, entsprechend der Garzeit zuerst die Kartoffeln, dann den Gemüsepaprika und zuletzt die Auberginen dazugeben. Mit der Sauce mischen.

3. Gemüsesalat auf dem Blattsalat anrichten. Mit dem Basilikum garnieren.

Variante: Einige schwarze Oliven unter den Salat mischen.

Tip: Dieser Salat ist eine komplette Mahlzeit. Er eignet sich auch zum Mitnehmen.

Fenchel-Pilz-Carpaccio

- 2 kleine Fenchel
- 150 g große Champignons

Sauce

- Saft einer Zitrone
- 2 EL kaltgepreßtes Olivenöl extra vergine
- Pfeffer aus der Mühle
- Kräutermeersalz
- Petersilie, fein gehackt

1. Den Fenchel mit dem Gemüsehobel in feine Scheiben hobeln. Die Champignons ebenfalls in Scheiben schneiden.

2. Fenchel und Champignons kreisförmig auf den Tellern anrichten. Mit der Sauce beträufeln. Die Petersilie darüberstreuen.

Tip: Mit Ofenkartoffeln und Kräuterquark (Seite 78) als Mittagessen servieren.

Salatsaucen – Grundrezepte

Französische Salatsauce

- 125 g Magerquark
- 100 g/1 dl saure Sahne/Sauerrahm
- 1/4 EL Senf
- 1 1/2 EL Sojasauce
- 50 ml/0,5 dl Apfelessig
- 150 ml/1,5 dl Gemüsebrühe/ -bouillon
- 100 ml/1 dl kaltgepreßtes Sonnenblumenöl

Traditionelle Salatsauce

- 150 ml/1,5 dl Apfelessig
- 50 ml/0,5 dl Gemüsebrühe/ -bouillon
- 1 EL Sojasauce
- Kräutermeersalz
- Pfeffer aus der Mühle
- 250 ml/2,5 dl kaltgepreßtes Oliven- oder Sonnenblumenöl

1. Die Zutaten mit dem Stabmixer oder im Mixerglas sämig rühren.

Tip: Beide Salatsaucen eignen sich für den Vorrat. In einem Glas mit Schraubverschluß können sie im Kühlschrank 4 bis 5 Tage aufbewahrt werden. Je nach Rezept gibt man der Sauce frische Kräuter, Zwiebeln, Knoblauch usw. bei.

Lauchsalat mit Pfifferlingen

- 500 g Lauch
- 1 EL Olivenöl
- 1 kleine Zwiebel, fein gehackt
- 300 g Pfifferlinge/Eierschwämme oder andere Pilze
- wenig Gemüsebrühe/-bouillon
- Meersalz
- Pfeffer aus der Mühle

Sauce

- 2 EL Apfel- oder Honigessig oder
- 2 EL Brottrunk
- 4 EL kaltgepreßtes Sonnenblumenöl
- Kräutermeersalz
- Pfeffer aus der Mühle
- 1 EL fein gehackte Petersilie

1. Lauch längs halbieren und spitzwinklig quer in Stücke schneiden. Das Gemüse im Dampf ca. 5 Minuten dünsten. Mit kaltem Wasser abschrecken. Mit der Sauce mischen.

2. Pfifferlinge mit einem feuchten Tuch abreiben.

3. Die Zwiebeln im Olivenöl anschwitzen. Die Pilze dazugeben und kräftig mitanschwitzen. Mit wenig Gemüsebrühe ablöschen. Auf kleinem Feuer zugedeckt 5 Minuten dünsten. Mit Salz und Pfeffer würzen.

4. Den Lauch auf Tellern anrichten. Die noch warmen Pilze darauf verteilen. Sofort servieren.

Tip: Die Menge reicht für ein Hauptgericht. Kombiniert man den Lauchsalat mit Ofenkartoffeln, reichen 300 g Lauch und 100 g Pilze und die halbe Saucenmenge.

Sellerie-Rote-Bete-Salat mit Mandeln

- 200 g Knollensellerie
- 1 kleine rohe rote Bete
- 1 kleiner Apfel
- 20 g Mandelstäbchen

Sauce

- 2 EL Schlagsahne/Rahm
- 1 EL Apfelessig
- 2 EL kaltgepreßtes Sonnenblumenöl
- Kräutermeersalz
- frische Kräuter, nach Marktangebot

1. Sellerie und rote Bete mit der Bircher-Rohkostreibe direkt in die Sauce reiben.

2. Den Apfel samt Schale vierteln, das Kerngehäuse entfernen. Die Fruchtviertel quer in feine Scheiben schneiden. Mit dem Salat vermengen. Mit den Mandelstäbchen bestreuen.

Rote-Bete-Salat

- 2 kleine rote Beten/Randen, gekocht und geschält

Sauce

- 1 EL milder Apfelessig
- 1 EL Gemüsebrühe/-bouillon
- 2 EL kaltgepreßtes Sonnenblumenöl
- 1 kleine Zwiebel, fein gehackt
- 1/2 Bund Dill, fein gehackt
- 1 Essiggurke, klein gewürfelt
- Kräutermeersalz
- Pfeffer aus der Mühle

1. Die roten Beten in Stäbchen schneiden. Mit der Sauce mischen.

Bohnensalat mit Tomatenvinaigrette

- 400 g zarte grüne Bohnen

Vinaigrette

- 2 Tomaten
- 3 EL milder Apfelessig
- 3 EL kaltgepreßtes Oliven- oder Sonnenblumenöl
- Kräutermeersalz
- Pfeffer aus der Mühle
- ½ Zwiebel, fein gehackt
- 1 Knoblauchzehe
- reichlich Petersilie, fein gehackt

1. Die Bohnen im Dampf bißfest garen, 10 bis 15 Minuten. Die Bohnen unter kaltem Wasser abschrecken, damit sie die intensive grüne Farbe behalten.

2. Die Tomaten an der Spitze kreuzweise einschneiden. Die Früchte mit einem Schaumlöffel in heißes Wasser tauchen, bis sich die Haut zu lösen beginnt, dann schälen, halbieren, Stielansatz und Kerne entfernen, klein würfeln.

3. Die Salatsauce sämig rühren. Tomatenwürfelchen, Zwiebeln, durchgepreßten Knoblauch und Petersilie dazugeben. Mit den Bohnen vermengen. 10 Minuten ziehen lassen.

Tip: Mit Rosmarinkartoffeln (Seite 76) servieren. Der Salat eignet sich zum Mitnehmen.

Orientalischer Kohlrabi-Möhren-Salat

- 1 mittelgroßer Kohlrabi, ca. 200 g
- 1 Möhre/Karotte, ca. 120 g
- 2 Portionen Blattsalat

Sauce

- 1 EL Balsamessig
- 1/2 TL milder Curry
- 1/4 TL Kreuzkümmel
- Kräutermeersalz
- 2 EL kaltgepreßtes Sonnenblumenöl
- 2 EL fein gehackte Petersilie

1. Kohlrabi und Möhren in feine Stäbchen schneiden. Mit der Sauce mischen. 10 Minuten ziehen lassen.

2. Kohlrabi-Möhren-Salat auf dem Blattsalat anrichten.

Tip: Der Salat ist im Sommer ein einfaches Mittagessen und kann nach Belieben mit gebratenen Pilzen kombiniert werden. Dafür 100 bis 150 g große Champignons oder Austernseitlinge in Scheiben schneiden und in einer nicht klebenden Pfanne im Olivenöl scharf anschwitzen. Mit Salz und Pfeffer würzen. Noch warm über den Salat verteilen.

Kartoffeln mit gebratenem Sellerie

- 400 g Kartoffeln, gewürfelt
- 300 g Stauden-/Stangensellerie, in 2 cm langen Stücken
- 2 EL kaltgepreßtes Olivenöl extra vergine
- 1/2 TL getrockneter Thymian
- 2 EL Sojasauce
- 200 ml/2 dl Gemüsebrühe/-bouillon
- Petersilie, fein gehackt

1. Die Kartoffeln im Dampf 3 Minuten vorgaren.

2. Den Sellerie im heißen Olivenöl scharf anschwitzen und bräunen. Kartoffelwürfel und Thymian dazugeben. Mit der Sojasauce und der Gemüsebrühe ablöschen. Aufkochen und so lange köcheln lassen, bis die Kartoffeln gar sind. Mit der Petersilie abschmecken.

Tip: Mit Kräuterquark (Seite 78) servieren.

Abbildung
Kartoffeln mit gebratenem Sellerie

Brokkoli-Bohnen-Gemüse mit Pilzen

- 300 g Brokkoli
- 200 g zarte grüne Bohnen
- wenig Gemüsebrühe/-bouillon

Pilze

- 200 g kleine Champignons
- 1 EL kaltgepreßtes Olivenöl extra vergine
- 1 kleine Zwiebel, fein gehackt
- 1 kleine Knoblauchzehe, fein gehackt
- 2 EL fein gehackte Petersilie
- 4 EL geriebene Mandeln
- 1 Msp abgeriebene Zitronenschale
- Kräutermeersalz

1. Brokkolistrünke schälen und die Blumen in Röschen brechen oder schneiden.

2. Brokkoli und Bohnen in wenig Gemüsebrühe oder im Dampf bißfest garen, 8 bis 12 Minuten.

3. Die Pilze mit einem feuchten Tuch abreiben. Die Schnittstelle kappen. Pilze halbieren oder vierteln, größere in Scheiben schneiden.

4. Zwiebeln und Knoblauch im heißen Olivenöl anschwitzen. Die Champignons dazugeben und bei hoher Temperatur mitanschwitzen. 1 bis 2 Minuten offen dünsten. Petersilie, Mandeln und Zitronengelb mit den Pilzen vermengen und kurz weiterdünsten. Würzen.

Tip: Mittags mit Blattsalat, abends ohne Salat servieren.

Schlanke Linie: Bei wenig Übergewicht oder bei langsamer Gewichtsreduktion wird das Gericht mit im Dampf gegarten Kartoffeln (150 g pro Person) kombiniert.

Kürbis-Auberginen-Gemüse

- 250 g Auberginen
- 300 g Kürbis, z. B. Oranger Knirps oder Muscade de Provence, ohne Schale
- 1 EL kaltgepreßtes Olivenöl extra vergine
- 1 Knoblauchzehe, fein gehackt
- 1 TL Kurkuma/Gelbwurz (für die Farbe)
- 1 TL milder Curry
- 1/2 TL Kreuzkümmel
- 1/4 TL Paprikapulver
- 300 ml/3 dl Gemüsebrühe/ -bouillon
- Kräutermeersalz

- 80 g Rucola
- 30 g Bockshornkleesprossen (Bioladen, Gemüsemarkt), nach Belieben
- wenig kaltgepreßtes Olivenöl extra vergine

1. Auberginen beidseitig kappen. Die Früchte würfeln. Den Kürbis entkernen und das Fruchtfleisch würfeln.

2. Den Knoblauch im Olivenöl anschwitzen. Auberginen und Kürbis dazugeben und mitanschwitzen. Die Gewürze darüberstreuen. Mit der Gemüsebrühe ablöschen. Aufkochen und das Gemüse zugedeckt 5 bis 8 Minuten köcheln lassen, bis der Kürbis gar ist. Mit Kräutersalz würzen.

3. Die Sprossen im Olivenöl kurz braten.

4. Mit der Rucola auf den Tellern einen Kranz machen. Das Ragout in die Mitte geben. Die Sprossen darüberstreuen.

Bockshornkleesprossen: Gutes Mittel für den Stoffwechsel, vor allem für Leber und Galle.

Weiße Kartoffeln mit Salbei

- ½ EL kaltgepreßtes Olivenöl
- ½ kleine Zwiebel, fein gehackt
- 10 Salbeiblätter, fein geschnitten
- 400 g Kartoffeln, gewürfelt
- 200 ml/2 dl Milch
- 1 EL Gemüsebrüheextrakt oder
- 1 TL Meersalz
- Pfeffer aus der Mühle
- Petersilie, fein gehackt

1. Die Zwiebeln im Öl anschwitzen. Salbei dazugeben und mitanschwitzen. Die Kartoffeln dazugeben und mit der Milch ablöschen. Mit dem Gemüsebrüheextrakt würzen. Aufkochen und auf kleinem Feuer zugedeckt rund 12 Minuten garen, bis die Kartoffeln weich sind. Mit Pfeffer und Petersilie abschmecken.

Tip: Mit gedünstetem Spinat oder mit Brokkoli servieren.

Varianten: Kartoffeln durch Kürbis ersetzen, Salbei durch Thymian oder Majoran. Das Rezept kann auch mit geschälten Kastanien zubereitet werden. Es braucht allerdings etwas mehr Milch. Kochzeit und Zubereitung bleiben sich gleich.

Kartoffelgratin

- 300 g Kartoffeln

Guß

- 100 ml/1 dl Milch
- 50 g/0,5 dl Schlagsahne/Rahm
- 1 Msp getrockneter Thymian
- Kräutermeersalz
- frische Petersilie, fein gehackt

1. Ofen auf 180 Grad vorheizen.

2. Die Kartoffeln in sehr dünne Scheiben schneiden und diese in eine geölte Gratinform schichten. Den gut gewürzten Guß darübergießen.

3. Kartoffelgratin auf mittlerem Einschub rund 30 Minuten backen, bis die Kartoffeln gar sind.

Tip: Mit gedünstetem Gemüse oder einem großen Salat servieren.

Gefüllte Gurken mit Peperonata

- 2 Nostranogurken (dickbauchige, kurze Freilandgurken), je 350 g
- Kräutermeersalz

Füllung

- 1 EL kaltgepreßtes Olivenöl extra vergine
- 1 Knoblauchzehe, fein gehackt
- 50 g Champignons, klein gewürfelt (Brunoise)
- 1/2 roter Gemüsepaprika/Peperoni, klein gewürfelt (Brunoise)
- 1/2 TL Provencekräuter
- Kräutermeersalz
- 2 EL geriebene Mandeln
- 1–2 EL Vollmilchquark
- 1 EL frische Kräuter, fein gehackt

- 200 ml/2 dl Gemüsebrühe/-bouillon

Peperonata

- je 1 roter, gelber und grüner Gemüsepaprika/Peperoni, insgesamt 400 bis 500 g
- 1 EL kaltgepreßtes Olivenöl
- 150 ml/1,5 dl Gemüsebrühe/-bouillon
- 1/2 EL fein gehackte Petersilie oder
- 1/2 EL Rosmarin, fein gehackt
- Kräutermeersalz

1. Gurken schälen und in 4 bis 5 lange Stücke schneiden. Die Kerne mit einem Kugelausstecher oder mit einem Teelöffel so entfernen, daß noch ein Boden bleibt. Die Gurken salzen und in eine geölte Gratinform stellen.

2. Ofen auf 220 Grad vorheizen.

3. Für die Füllung den Knoblauch im Olivenöl anschwitzen. Pilz- und Paprikawürfelchen sowie Provencekräuter dazugeben und mitanschwitzen. Mit Kräutersalz würzen. Zugedeckt 2 bis 3 Minuten dünsten. Die Füllung wenig auskühlen lassen. Mit den Mandeln, dem Quark und den frischen Kräutern vermengen. Gurken damit füllen.

4. Wenig Gemüsebrühe in die Form gießen. Die Gurken auf mittlerem Einschub 25 bis 30 Minuten schmoren.

5. Für die Peperonata die Paprikaschoten halbieren, Stielansatz und Kerne entfernen. Die Fruchthälften längs in möglichst feine Streifen schneiden. Paprikastreifen im heißen Olivenöl anschwitzen. Mit der Gemüsebrühe ablöschen. Aufkochen und zugedeckt auf kleinem Feuer rund 12 Minuten garen. Mit den Kräutern abschmecken. Nach Belieben nachwürzen.

Tip: Mittags mit Salat, abends ohne servieren.

Polenta mit Zuckerschoten und Steinpilzen

- 80 grober Maisgrieß
- 300 ml/3 dl schwache Gemüsebrühe/-bouillon

Gemüse

- 1 Maiskolben oder
- 150 g tiefgekühlte Maiskörner
- 250 g Zuckerschoten/Kefen
- 1/2 EL kaltgepreßtes Olivenöl extra vergine
- wenig Gemüsebrühe/-bouillon
- Kräutermeersalz
- frische Kräuter, fein gehackt

Pilze

- 300 g Steinpilze oder andere Pilze
- 1 EL kaltgepreßtes Olivenöl extra vergine
- 1 EL fein gehackte Petersilie
- Meersalz
- Pfeffer aus der Mühle

1. Für die Polenta Maisgrieß und Gemüsebruhe aufkochen. Unter häufigem Rühren auf kleinem Feuer 15 Minuten köcheln lassen. Auf der ausgeschalteten Wärmequelle zugedeckt 30 Minuten nachquellen lassen. Der Mais kann auch am Vortag zubereitet werden: Mais aufkochen und 5 Minuten unter ständigem Rühren sprudelnd kochen lassen, dann auf der ausgeschalteten Wärmequelle zugedeckt nachquellen lassen. Vor dem Servieren aufwärmen.

2. Beim Maiskolben die Körner mit einem scharfen Messer vom Kolben schneiden. Am besten geht das, wenn man den Kolben quer halbiert und mit der Schnittfläche nach unten auf die Arbeitsfläche stellt.

3. Für das Gemüse Zuckerschoten und Maiskörner im Olivenöl anschwitzen. Mit der Gemüsebrühe ablöschen. Aufkochen und zugedeckt auf kleinem Feuer 10 bis 12 Minuten köcheln lassen. Das Gemüse würzen und die Kräuter dazugeben.

4. Die Pilze mit einem feuchten Tuch abreiben. In Scheiben schneiden. Pilzscheiben im heißen Olivenöl scharf anschwitzen. Die Petersilie dazugeben. Würzen.

5. Vom Mais mit einem Eisportionierer Kugeln abstechen. Zusammen mit dem Gemüse und den Pilzen anrichten.

Möhren-Bananen-Curry mit Reis

- 300 g Möhren/Karotten, in Scheiben
- 100 ml/1 dl frisch gepreßter Orangensaft
- 100 ml/1 dl Wasser
- 1/2 EL kaltgepreßtes Olivenöl
- 1 EL Rosinen
- 1 Prise Karadamom
- 1 Prise Kurkuma/Gelbwurz
- 1/2 TL scharfer Curry
- 2 Bananen, in Scheiben
- 2 EL Sprossen nach Wahl
- Meersalz

1. Möhren, Orangensaft und Wasser aufkochen. Rund 5 Minuten auf kleinem Feuer köcheln lassen. Die Möhren müssen noch Biß haben. Abgießen und Flüssigkeit auffangen.

2. Die Möhren im heißen Öl anschwitzen. Rosinen und Gewürze dazugeben und kurz mitanschwitzen. Mit dem Orangenwasser ablöschen. Aufkochen und 10 bis 12 Minuten auf kleinem Feuer köcheln lassen. Bananen und Sprossen darunterrühren. Abschmecken.

Tip: Mit Salat und im Dampf gegarten Kartoffeln (150 g pro Person), ab 3. Woche mit Naturreis (Seite 118) servieren.

Möhren-Lauch-Eintopf

- 250 g Möhen/Karotten, in Stäbchen
- 200 g Lauch, in Scheiben
- 1 EL kaltgepreßtes Olivenöl extra vergine
- 1 Prise Ingwerpulver
- 1 TL getrockneter Majoran
- wenig Wasser
- 2 – 3 Zweige Petersilie, fein gehackt
- einige Rosmarinnadeln, fein gehackt
- 50 g/0,5 dl Schlagsahne/Rahm
- Meersalz
- Pfeffer aus der Mühle

1. Möhren und Lauch im Olivenöl anschwitzen. Mit Ingwer und Majoran würzen. Mit wenig Wasser ablöschen. Aufkochen. Das Gemüse auf kleinem Feuer 10 bis 15 Minuten bißfest garen. Petersilie, Rosmarin und Schlagsahne darunterrühren. Nochmals aufkochen. Abschmecken.

Schlanke Linie: Bei wenig Übergewicht oder langsamer Gewichtsreduktion wird das Gericht mit im Dampf gegarten Kartoffeln (150 g pro Person) kombiniert.

Überbackene Kartoffeln

- 300 g Kartoffeln
- 2 Tomaten

Guß

- 250 g Magerquark
- 2 EL Milch
- 1 EL geriebene Mandeln
- 50 ml/0,5 dl Gemüsebrühe/ -bouillon
- 1 EL fein gehackte Petersilie
- 1 EL Schnittlauch, fein geschnitten
- Pfeffer aus der Mühle
- Kräutermeersalz

1. Die Kartoffeln in der Schale im Dampf garen. Noch warm schälen und in 5 mm dicke Scheiben schneiden.

2. Ofen auf 200 Grad vorheizen.

3. Die Zutaten für den Guß glattrühren. Gut würzen.

4. Die Tomaten an der Spitze kreuzweise einschneiden. Mit einem Schaumlöffel in heißes Wasser tauchen, bis sich die Haut zu lösen beginnt. Die Früchte schälen, den Stielansatz kreisförmig herausschneiden, dann in Scheiben schneiden.

5. Die Kartoffelscheiben in eine geölte Ofenform schichten. Die Tomatenscheiben darauflegen und den Guß darübergießen.

6. Die Kartoffeln auf mittlerem Einschub 20 Minuten überbacken.

Tip: Mit einem bunten Salat oder mit gedämpftem Gemüse servieren.

Steckrübenpüree

- 400 g Steckrüben/Pfälzer, in Scheiben
- 100 ml/1 dl Gemüsebrühe/ -bouillon
- Pfeffer aus der Mühle
- 1 Prise Muskatnuß
- Kräutermeersalz

1. Steckrüben zusammen mit der Gemüsebrühe aufkochen. Auf kleinem Feuer zugedeckt köcheln lassen, bis die Rüben gar sind. Die Rüben ohne Flüssigkeit durch das Passetout drehen.

2. Rübenpüree aufkochen, je nach Konsistenz mit Gemüsebrühe verdünnen. Würzen.

Tip: Mit Rosmarinkartoffeln (Seite 76) servieren.

Thymian-Kartoffeln

- 1 kleine Zwiebel, fein gehackt
- 1 EL kaltgepreßtes Olivenöl extra vergine
- 400 g Kartoffeln, gewürfelt
- 1/2 Bund frischer Thymian, Blättchen gezupft
- 1 Prise Gelbwurz/Kurkuma
- 300 ml/3 dl Gemüsebrühe/ -bouillon
- Meersalz

1. Die Zwiebeln im Olivenöl anschwitzen. Die Kartoffeln dazugeben und mitanschwitzen. Mit dem Thymian würzen. Gelbwurz darüberstreuen und mit der Gemüsebrühe ablöschen. Aufkochen und zugedeckt auf kleinem Feuer rund 15 Minuten köcheln lassen, bis die Kartoffeln gar sind. Nach Belieben nachwürzen.

Tip: Mit Salat oder mit Gemüse servieren.

Kürbisgratin mit frischen Gartenkräutern

- 600–800 g Kürbis, z. B. Oranger Knirps oder Muscade de Provence, ohne Schale
- 1 kleine Zwiebel, fein gehackt
- 1 EL kaltgepreßtes Olivenöl extra vergine
- 5 EL Gartenkräuter, z. B. Petersilie, Basilikum, Majoran, Thymian, Salbei, Liebstöckel usw., fein gehackt
- Kräutermeersalz
- Pfeffer aus der Mühle
- Muskatnuß
- 150 g/1,5 dl Schlagsahne/Rahm

1. Den Kürbis entkernen und würfeln.

2. Ofen auf 200 Grad vorheizen.

3. Die Zwiebeln im Olivenöl anschwitzen. Den Kürbis dazugeben und mitanschwitzen. Die Kräuter dazugeben. Gut würzen. Das ganze in eine geölte ofenfeste Form füllen. Die Sahne darübergießen.

4. Kürbisgratin im vorgeheizten Ofen auf mittlerem Einschub 25 bis 30 Minuten backen, bis der Kürbis gar ist.

Tip: Mittags mit Salat, abends ohne Salat servieren.

Gebratene Auberginen mit Tomatenfüllung

- 2 mittelgroße Auberginen
- Kräutermeersalz
- 2 Knoblauchzehen, fein gehackt
- 1 Sträußchen glattblättrige Petersilie, fein gehackt
- 2–3 mittelgroße Tomaten, Stielansatz entfernt, in Scheiben
- Pfeffer aus der Mühle
- 1 EL kaltgepreßtes Olivenöl extra vergine

1. Ofen auf 220 Grad vorheizen.

2. Die Auberginen fächerartig aufschneiden, so daß sie am Stielansatz noch zusammenhalten. Die Früchte leicht auseinanderdrücken und salzen. In einer feuerfesten Form im vorgeheizten Ofen auf mittlerem Einschub 15 Minuten vorbacken.

3. Die Auberginen in eine geölte feuerfeste Form legen. In die Zwischenräume je eine Tomatenscheibe legen (siehe Bild). Petersilie und Knoblauch darüberstreuen. Mit Pfeffer und Salz würzen. Mit dem Olivenöl beträufeln. Im Ofen 30 bis 40 Minuten schmoren lassen.

Tip: Am Mittag mit reichlich Saisonsalat servieren, am Abend ohne Salat.

Zucchini-Kartoffel-Ragout

- 1 EL kaltgepreßtes Olivenöl extra vergine
- 1 kleine Zwiebel, fein gehackt
- 250 g Zucchini, gewürfelt
- 200 g Kartoffeln, gewürfelt
- wenig Kardamom
- 1 Prise Paprikapulver
- Kräutermeersalz
- 1/2 EL Kurkuma/Gelbwurz
- 300 ml/3 dl Gemüsebrühe/-bouillon
- Petersilie, fein gehackt, oder
- frisches Basilikum, fein geschnitten

1. Die Zwiebeln im Olivenöl anschwitzen. Zucchini und Kartoffeln dazugeben und mitanschwitzen. Würzen. Mit der Gemüsebrühe ablöschen. Aufkochen und auf kleinem Feuer 12 bis 15 Minuten köcheln lassen. Mit den frischen Kräutern abschmecken.

Tip: Ideal für ein leichtes, schnelles Nachtessen.

Abbildung
Gebratene Auberginen mit Tomatenfüllung

Kartoffelpuffer mit Rote-Bete-Gemüse

- 350 g Kartoffeln
- 100 g Knollensellerie
- 1 Prise Muskatnuß
- 1 Prise Ingwerpulver
- Kräutermeersalz
- 1 TL Petersilie, fein gehackt
- kaltgepreßtes Olivenöl

Rote-Bete-Gemüse

- 1 TL kaltgepreßtes Olivenöl extra vergine
- 1 kleine Zwiebel, fein gehackt
- 250 g rohe rote Beten, geschält und klein gewürfelt
- 200 ml/2 dl Gemüsebrühe/-bouillon
- 2 EL Schlagsahne/Rahm
- Pfeffer aus der Mühle
- 1 Prise Muskatnuß
- Meersalz

1. Für das Rote-Bete-Gemüse die Zwiebeln im Olivenöl anschwitzen. Die roten Beten dazugeben und mitanschwitzen. Mit der Gemüsebrühe ablöschen. Aufkochen und auf kleinem Feuer zugedeckt rund 20 Minuten köcheln lassen, bis das Gemüse gar ist. Die Sahne darunterrühren. Abschmecken.

2. Kartoffeln und Sellerie schälen. Mit der Bircher-Rohkostreibe reiben. Gut ausdrücken und würzen. Die Petersilie daruntermischen. In einer nicht klebenden Pfanne einen bis zwei Eßlöffel Öl erhitzen. Für jeden Puffer einen gehäuften Eßlöffel der Masse in die Pfanne geben. Rund formen. Die Kartoffelpuffer auf kleinem Feuer langsam von beiden Seite braten.

3. Rote-Bete-Gemüse und Kartoffelpuffer anrichten.

Tip: Mit Gemüse nach Wahl servieren, mittags zusätzlich mit einem Salat.

Mangoldwickel mit Kastanienfüllung

- 6 große Mangoldblätter

- 200 g geschälte Kastanien, tiefgefroren oder aus dem Glas (Reformhaus, Bioladen)
- 1 EL kaltgepreßtes Olivenöl extra vergine
- 1 kleine Zwiebel, fein gehackt
- 100 g Champignons, grob gehackt
- wenig Gemüsebrühe/-bouillon
- Kräutermeersalz
- Pfeffer aus der Mühle
- geriebene Muskatnuß
- wenig frischer oder getrockneter Thymian
- 1 EL Petersilie, fein gehackt

- 150 ml/1,5 dl Gemüsebrühe/ -bouillon zum Schmoren

1. Die Mangoldblätter in sprudelnd heißem Wasser blanchieren. Kalt abschrecken und auf einem Küchentuch ausbreiten.

2. Die Kastanien im Dampf oder in wenig Gemüsebrühe ca. 10 Minuten garen. Auskühlen lassen. Die Früchte hacken.

3. Ofen auf 180 Grad vorheizen.

4. Zwiebeln und Champignons im heißen Olivenöl in einer weiten Pfanne scharf anschwitzen. Mit wenig Gemüsebrühe ablöschen. Die Kastanien dazugeben. 3 bis 5 Minuten köcheln lassen. Kräftig abschmecken.

5. Die Kastanienfüllung auf die Mangoldblätter verteilen. Die Blätter einwickeln.

6. Wickel in eine geölte Gratinform legen. Wenig Gemüsebrühe dazugießen. Im vorgeheizten Ofen auf mittlerem Einschub 25 Minuten schmoren lassen.

Variante: Die Mangoldwickel können auch in einer Bratpfanne mit Deckel auf dem Herd geschmort werden. Dafür die Wickel auf kleinem Feuer 12 Minuten schmoren lassen.

Tip: Mit einer Safransauce und gedünstetem Saisongemüse servieren.

Rosmarinkartoffeln auf Kürbispüree

- 300 g Kartoffeln, gewürfelt
- 1 Zweig Rosmarin, Nadeln gehackt
- Kräutermeersalz
- 1 EL kaltgepreßtes Olivenöl extra vergine

- 400 g Kürbis, z. B. Oranger Knirps, gewürfelt
- 1 EL kaltgepreßtes Olivenöl extra vergine
- 1 Prise Curry
- 1 Prise Muskatnuß
- 1 Knoblauchzehe, durchgepreßt
- 1 EL gehackte Petersilie
- 1 EL Crème fraîche

1. Ofen auf 220 Grad vorheizen.

2. Die Kartoffeln in eine geölte Ofenform legen. Die gehackten Rosmarinnadeln darüberstreuen. Mit dem Kräutersalz würzen und dem Olivenöl beträufeln. Im vorgeheizten Ofen auf mittlerem Einschub 20 bis 25 Minuten backen.

3. Den Kürbis im Dampf 10 bis 12 Minuten garen. Zusammen mit dem Olivenöl pürieren. Püree gut würzen und mit der Crème fraîche verfeinern.

4. Mit dem Kürbispüree auf den Tellern einen Spiegel machen. Die Kartoffeln darauf anrichten.

BASENÜBERSCHÜSSIGE REZEPTE

Vollkornbrötchen mit Avocadomousse

- 2 Vollkornbrötchen

Brotaufstrich

- 100 g Möhren/Karotten
- 1 reife Avocado
- 1 EL Zitronensaft
- 1 EL kaltgepreßtes Sonnenblumenöl
- Pfeffer aus der Mühle
- Kräutermeersalz
- 1 EL Kräuter, fein gehackt, z. B. Basilikum, Petersilie, Rucola

1. Die Möhren schälen und mit der Bircher-Rohkostreibe reiben.

2. Die Avocado halbieren, den Stein entfernen. Das Fruchtfleisch herauskratzen und sofort mit dem Zitronensaft beträufeln, mit einer Gabel fein zerdrücken. Das Sonnenblumenöl und die Möhren unter die Avocadopaste rühren. Würzen.

3. Brötchen halbieren und mit der Gemüsemousse bestreichen.

Tip: Mit einem Möhren-/Karottensaft oder mit grünem Tee servieren.

Diese Brötchen sind auch ein idealer Lunch.

Vollkornbrot mit Kräuterquark

- 2 Scheiben Vollkornbrot oder 2 Vollkornbrötchen

Brotaufstrich

- 4 EL Vollmilchquark
- reichlich frische Kräuter, z. B. Petersilie, Basilikum, Dill, Schnittlauch, fein geschnitten
- Kräutermeersalz
- Pfeffer aus der Mühle

1. Für den Brotaufstrich Quark und Kräuter verrühren. Würzen.

Tip: Mit einem Glas Gemüsesaft (kein Tomatensaft) oder grünem Tee servieren.

Abbildung
Vollkornbrötchen mit Avocadomousse resp. mit Kräuterquark

Erdbeer-Bananen-Drink

- 250 g Erdbeeren
- 1 reife Banane
- 1 EL Ahornsirup
- 100 ml/1 dl Apfelsaft oder Wasser
- 1 Prise Zimtpulver
- 1 Msp abgeriebene Orangenschale, nach Belieben

1. Sämtliche Zutaten im Mixerglas pürieren. Den Drink in hohe Gläser füllen und mit einem Pfefferminzblatt garnieren.

Schlanke Linie: Bei wenig Übergewicht oder langsamer Gewichtsreduktion darf das Frühstück mit 2 Scheiben Vollkorn-Knäckebrot und wenig Butter (pro Person) kombiniert werden.

Schnelle Grünkernsuppe

- 1 Möhre/Karotte, in Scheiben
- 1 kleiner Lauch, in Scheiben
- 1 TL kaltgepreßtes Olivenöl
- 30 g Grünkernschrot
- 1/2 l Gemüsebrühe/-bouillon
- 1 Prise Curry
- 1 Prise Muskatnuß
- 1 Prise Majoran
- Meersalz
- Pfeffer aus der Mühle
- 1 EL fein gehackte Petersilie

1. Möhren und Lauch im heißen Öl kräftig anschwitzen. Den Grünkernschrot dazugeben und mitanschwitzen. Mit Curry, Muskatnuß und Majoran bestäuben und mit der Gemüsebrühe ablöschen. Die Suppe aufkochen und zugedeckt auf kleinem Feuer 5 bis 10 Minuten köcheln lassen. Mit Salz und Pfeffer würzen. Die Petersilie darüberstreuen.

Schlanke Linie: Diese Suppe ist ein leichtes Mittag- oder Nachtessen. Bei wenig Übergewicht oder langsamer Gewichtsreduktion kann die Suppe mittags mit einem bunten Saisonsalat kombiniert werden.

Rote-Bete-Suppe mit Mandeln

- 350 g rote Beten/Randen
- 1 TL kaltgepreßtes Olivenöl
- 1 kleine Zwiebel, fein gehackt
- 20 g Gerstenmehl
- 1/2 l Gemüsebrühe/-bouillon
- Pfeffer aus der Mühle
- Muskatnuß
- 1 Prise Ingwerpulver
- 1 EL Crème fraîche
- 1 EL Mandelblättchen
- 1 EL gehackte Petersilie

1. Rote Beten schälen und klein würfeln.

2. Die Zwiebeln im Öl anschwitzen. Die roten Beten dazugeben und mitanschwitzen. Das Gerstenmehl darüberstreuen. Mit der Gemüsebrühe ablöschen. Die Suppe aufkochen und würzen. Auf kleinem Feuer 25 bis 30 Minuten köcheln lassen, bis die roten Beten gar sind. Pürieren.

3. Die Suppe zusammen mit der Crème fraîche aufkochen. Abschmecken. Rote-Bete-Suppe anrichten. Mandelblättchen und gehackte Petersilie darüberstreuen.

Reissuppe mit Kohlrabi

- 50 g Rundkorn-Naturreis
- 600 ml/6 dl schwache Gemüsebrühe/-bouillon
- 250 g Kohlrabi, in Stäbchen
- 1 Prise Ingwer
- 1 Prise Kurkuma/Gelbwurz
- Kräutermeersalz
- Petersilie oder Kohlrabigrün, fein gehackt

1. Den Reis in der Gemüsebrühe sehr weich kochen, rund 30 Minuten. Pürieren.

2. Die Reissuppe zusammen mit den Kohlrabistäbchen aufkochen. Ingwer und Kurkuma dazugeben. Auf kleinem Feuer so lange köcheln lassen, bis die Kohlrabi weich sind. Mit Kräutersalz würzen. Abschmecken mit den Kräutern.

Schlanke Linie: Eine ideale Suppe für ein leichtes Nachtessen. Bei wenig Übergewicht oder bei langsamer Gewichtsreduktion wird die Suppe als Vorspeise gegessen, gefolgt von einem Gemüsegericht, z. B. einem Kartoffel-Kürbis-Curry (Seite 101).

Variante: Kohlrabi durch Möhren/Karotten ersetzen.

Rohkostteller mit Buchweizen

- 50 g Buchweizen
- 100 ml/1 dl Gemüsebrühe/-bouillon
- 1 Brüsseler Endivie/weißer Chicorée
- 2 Sproß Stauden-/Stangensellerie
- 2 kleine Möhren/Karotten
- 250 g Fenchel
- 1 EL Kürbiskerne, für die Garnitur

Sauce

- 1 EL Sojasauce
- 1 EL Balsamessig
- wenig Gemüsebrühe/-bouillon
- 4 EL kaltgepreßtes Sonnenblumenöl
- Kräutermeersalz
- wenig Petersilie, fein gehackt
- Basilikum, fein geschnitten

1. Den Buchweizen in einem Drahtsieb mit heißem Wasser überbrausen. Zusammen mit der Gemüsebrühe aufkochen und 3 Minuten sprudelnd kochen lassen. Auf der ausgeschalteten Wärmequelle zugedeckt 10 Minuten nachquellen lassen.

2. Die Brüsseler Endivie in die einzelnen Blätter zerlegen. Den Staudensellerie und die Möhren in ca. 5 cm lange Stäbchen schneiden. Den Fenchel in sehr dünne Scheiben schneiden.

3. Den Salat auf Tellern anrichten. Den Buchweizen darüberstreuen. Mit der Sauce beträufeln und den Kürbiskernen garnieren.

Tip: Dieser Salat ist eine komplette Mahlzeit.

Schlanke Linie: Bei wenig Übergewicht oder langsamer Gewichtsreduktion kombiniert man die Rohkost mit 150 g Ofenkartoffeln oder im Dampf gegarten Kartoffeln (pro Person). Oder man serviert den Salat mit Knäckebrot.

Bohnensalat mit Sonnenblumenkernen

- 400 g zarte grüne Bohnen
- 1 TL Sonnenblumenkerne
- 1 Tomate, in Spalten
- 2 Salbeiblätter, fein geschnitten
- 1/2 Bund Basilikum, fein geschnitten
- 2 Portionen Blattsalat

Sauce

- 1–1 1/2 EL Balsam- oder Apfelessig
- 50 ml/0,5 dl Gemüsebrühe/-bouillon
- 2–3 EL kaltgepreßtes Olivenöl extra vergine
- Kräutermeersalz
- Pfeffer aus der Mühle
- 1 kleine Zwiebel, fein gehackt

1. Die Bohnen im Dampf bißfest garen, je nach Größe 15 bis 20 Minuten. Mit kaltem Wasser abschrecken, damit sie ihre intensive grüne Farbe behalten.

2. Essig, Gemüsebrühe und Olivenöl sämig rühren. Würzen. Die Zwiebeln dazugeben.

3. Die Bohnen mit der Sauce mischen. 15 Minuten ziehen lassen.

4. Die Sonnenblumenkerne ohne Fettstoff leicht rösten.

5. Salbei und Kräuter unter den Bohnensalat mischen.

6. Den Bohnensalat auf dem Blattsalat anrichten.

Schlanke Linie: Bei wenig Übergewicht oder langsamer Gewichtsreduktion kann der Salat mit 150 g im Dampf gegarten Kartoffelwürfelchen (pro Person) oder mit 40 g Käse (pro Person) kombiniert werden.

Möhren-Orangen-Salat

- 200 g Möhren/Karotten
- 2 Orangen
- 2 TL grüne Pistazienkerne, ausgelöst und gehackt

Marinade

- 2 EL Zitronensaft
- 2 EL kaltgepreßtes Sonnenblumenöl
- 1 EL gehackte Petersilie
- Meersalz

1. Von den Möhren mit dem Sparschäler Streifen abziehen und diese nach Belieben längs halbieren oder dritteln.

2. Die Orangen oben und unten kappen. Die Schale am Fruchtfleisch entlang herunterschneiden. Mit dem Messer an den beiden dünnen Fruchthäutchen der Schnitze entlangschneiden. Filets herauslösen.

3. Orangenfilets und Möhren mit der Marinade mischen. Auf Blattsalat anrichten. Mit den gehackten Pistazien bestreuen.

Tip: Als Vorspeise zu einem Getreide- oder Kartoffelgericht servieren.

Rote-Bete-Salat mit Rucola

- 200 g rote Beten/Randen, gekocht
- 40 g Rucola
- 1 EL Pinien- oder Sonnenblumenkerne

Sauce

- 1 EL Apfelessig oder
- 1 EL Brottrunk
- 2 EL kaltgepreßtes Sonnenblumenöl
- wenig Meersalz
- Pfeffer aus der Mühle

1. Rote Bete schälen und in Stäbchen schneiden. Mit der Sauce mischen.

2. Den Rote-Bete-Salat auf dem Rucola anrichten. Mit den Pinien- oder Sonnenblumenkernen garnieren.

Selleriesalat mit Tofu

- 250 g Stauden-/Stangensellerie
- 40 g Rucola
- 80 g Radicchio/Cicorino rosso
- 100 g Tofu, gewürfelt
- Sojasauce
- Meersalz
- Pfeffer aus der Mühle
- wenig kaltgepreßtes Olivenöl extra vergine
- 50 g Kichererbsen-Sprossen
- 8 schwarze Oliven

Sauce

- ½ EL Sojasauce
- 1–2 EL Gemüsebrühe/-bouillon
- 1½ EL Apfelessig oder Balsamessig oder
- 1½ EL Brottrunk
- 3 EL kaltgepreßtes Olivenöl extra vergine
- Pfeffer aus der Mühle
- Kräutermeersalz
- 1 EL Petersilie, fein gehackt

1. Die harten Teile beim Staudensellerie mit dem Sparschäler oder mit dem Küchenmesser entfernen.

2. Staudensellerie, Rucola und Radicchio fein schneiden. Mit der Sauce mischen. Auf Tellern anrichten.

3. Den Tofu mit der Sojasauce, dem Salz und dem Pfeffer gut würzen. In wenig Olivenöl anbraten. Die Sprossen dazugeben und kurz mitbraten. Über den Salat verteilen. Mit den Oliven garnieren.

Schlanke Linie: Bei wenig Übergewicht oder bei langsamer Gewichtsreduktion kann der Salat mit 150 g Schalenkartoffeln oder Ofenkartoffeln (pro Person) kombiniert werden. Wird der Tofu weggelassen, kann der Salat auch mit anderen Gerichten kombiniert werden.

Spinatsalat mit Räuchertofu

- 200 g frischer junger Spinat
- 200 g Räuchertofu, gewürfelt
- 1 TL kaltgepreßtes Olivenöl extra vergine
- 1 EL Pinienkerne, leicht geröstet
- 8 Cherrytomaten, nach Belieben

Sauce

- 1 1/2 EL Apfelessig
- 1 EL Sojasauce
- 4 EL kaltgepreßtes Olivenöl extra vergine
- Kräutermeersalz
- Pfeffer aus der Mühle

1. Tofuwürfel in einer nicht klebenden Pfanne im Olivenöl braten.

2. Spinat und Tofu mit der Sauce mischen.

3. Den Salat auf Tellern anrichten. Mit den Tomaten und den Pinienkernen garnieren.

Tip: Mit 150 g Ofenkartoffeln (pro Person) servieren.

Abbildung
Gemüse-Tofu-Spießchen

Gemüse-Tofu-Spießchen

- 500–600 g Gemüse, z. B. Blumenkohl, Brokkoli, Zucchini, Zwiebeln, Champignons usw.
- Tomaten
- Kräutermeersalz
- Pfeffer aus der Mühle
- Curry
- 120 g gewürzter Kräutertofu, gewürfelt

1. Das Gemüse in Würfel schneiden oder in Röschen brechen oder ganz lassen. Mit Ausnahme der Tomaten und der Champignons in wenig Gemüsebrühe oder im Dampf einige Minuten vorgaren.

2. Ofen auf 200 Grad vorheizen.

3. Gemüse und Tofu abwechslungsweise auf lange Holzstäbchen reihen. Würzen.

4. Gemüse-Tofu-Spießchen auf ein leicht geöltes Blech legen. Im vorgeheizten Ofen auf mittlerem Einschub 10 bis 12 Minuten backen. Bei Umluft beträgt die Backzeit 6 bis 8 Minuten.

Tip: Mit Salat oder Gemüse servieren. Die Spießchen schmecken kalt sehr gut und eignen sich deshalb auch als Lunch zum Mitnehmen.

Tofu-Avocado-Salat

- 200 g Tofu, in Streifen
- 2 TL Sojasauce
- Pfeffer aus der Mühle
- 1 kleine Avocado
- Radicchio/Cicorino rosso oder anderer Blattsalat, für die Garnitur

Sauce

- 2 EL Balsamessig
- 2 EL kaltgepreßtes Olivenöl extra vergine
- 8 EL Sauermilch oder Joghurt nature
- 2 EL fein gehackte Kräuter
- Pfeffer aus der Mühle
- 1 Msp abgeriebene Zitronenschale, nach Belieben
- 1/2 roter Gemüsepaprika/Peperoni, sehr klein gewürfelt

1. Tofu mit der Sojasauce und einigen Umdrehungen Pfeffer würzen. 15 Minuten marinieren.

2. Die Avocado schälen, halbieren und entsteinen. Das Fruchtfleisch würfeln.

3. Tofu und Avocado mit der Sauce mischen.

4. Tofu-Avocado-Salat auf dem Blattsalat anrichten.

Variante: Der Salat kann auch in den Avocadoschalen oder in Gemüsepaprikahälften serviert werden.

Tip: Ideal zum Mitnehmen an den Arbeitsplatz.

Kartoffelsalat mit Rucola

- 400 g kleine Kartoffeln
- Salatblätter für die Garnitur
- 1 TL Sonnenblumenkerne, leicht gebräunt, nach Belieben

Sauce

- 50 ml/0,5 dl Gemüsebrühe
- 2 EL Balsamessig
- 2 EL kaltgepreßtes Olivenöl extra vergine
- Kräutermeersalz
- Pfeffer aus der Mühle
- Basilikum, fein gehackt
- Petersilie, fein gehackt
- 2 Frühlingszwiebeln, in feinen Scheiben

1. Die Kartoffeln in der Schale im Dampf garen. Noch warm schälen und in Scheiben schneiden. Mit der Sauce mischen. 15 Minuten ziehen lassen.

2. Kartoffelsalat auf dem Blattsalat anrichten. Die Sonnenblumenkerne darüberstreuen.

Tip: Der Kartoffelsalat ist eine komplette Mahlzeit. Man kann ihn mit einer fettarmen Gemüsebrühe oder einem Glas Gemüsesaft kombinieren. Ideal zum Mitnehmen.

Kartoffel-Möhren-Salat

- 300 g Kartoffeln samt Schale
- 300 g Möhren/Karotten, in Stäbchen
- 1 Bund Rucola oder reichlich Petersilie, fein gehackt
- 1 EL Kürbiskerne

Sauce

- 2 EL milder Apfelessig
- 80–100 ml/0,8–1 dl Gemüsebrühe/-bouillon
- 3 EL kaltgepreßtes Sonnenblumenöl
- Pfeffer aus der Mühle
- Kräutermeersalz

1. Die Kürbiskerne ohne Fettstoff leicht rösten, bis sie duften.

2. Die Kartoffeln in der Schale im Dampf garen. Die Möhren für 10 bis 12 Minuten dazugeben und mitgaren. Die Kartoffeln schälen und in Scheiben schneiden.

3. Kartoffeln und Möhren mit der sämig gerührten Sauce mischen. 15 Minuten ziehen lassen. Rucola oder Petersilie vorsichtig darunterrühren. Mit den Kürbiskernen bestreuen.

Tip: Ideal zum Mitnehmen.

Kartoffel-Bohnen-Ragout

- 1 kleine Zwiebel, in feinen Scheiben
- 1 EL kaltgepreßtes Olivenöl
- 300 g Kartoffeln, längs geviertelt
- 300 g grüne Bohnen
- 1 Zweig frisches Bohnenkraut
- wenig Kurkuma/Gelbwurz (für die Farbe)
- 400 ml/4 dl Gemüsebrühe/-bouillon
- Kräutermeersalz
- Pfeffer aus der Mühle
- 1 EL Sonnenblumenkerne, leicht geröstet, oder
- Sonnenblumensprossen (Garnitur)

1. In einer weiten Pfanne die Zwiebelscheiben im Öl anschwitzen. Die Kartoffeln und die Bohnen dazugeben und mitanschwitzen. Kurkuma darüberstreuen. Den Zweig Bohnenkraut auf das Gemüse legen. Mit der Gemüsebrühe ablöschen. Aufkochen und auf kleinem Feuer zugedeckt 15 Minuten köcheln lassen, bis das Gemüse gar ist. Bohnenkraut entfernen. Abschmecken. Anrichten und mit den Sonnenblumenkernen oder -sprossen garnieren.

Tip: Mittags mit einem Blattsalat und/oder einem Glas Gemüsesaft servieren, abends ohne Salat.

Ofenkartoffeln

- 300–400 g Kartoffeln
- 1 TL kaltgepreßtes Olivenöl für die Form
- Kräutermeersalz
- 1 TL Sesam- oder Mohnsamen oder
- 1 TL Rosmarinnadeln

1. Ofen auf 250 Grad vorheizen.

2. Die Kartoffeln gut bürsten und der Länge nach halbieren. Auf der gewölbten Seite mehrmals einschneiden.

3. Die Schnittfläche der Kartoffeln in die Sesam- oder Mohnsamen drücken. Bei Verwendung von Rosmarinnadeln diese darüberstreuen. Kartoffeln mit der Schnittfläche oben in eine geölte Gratinform legen. Im vorgeheizten Ofen bei 220 bis 250 Grad 20 bis 25 Minuten backen.

Tip: Die Kartoffeln mit Salat oder gedünstetem Gemüse servieren.

Abbildung Kartoffel-Bohnen-Ragout

Gratinierter Fenchel

- 300–400 g Fenchel
- 2 EL kaltgepreßtes Olivenöl extra vergine
- 1 kleine Zwiebel, fein gehackt
- 1 Knoblauchzehe, gehackt
- 200 ml/2 dl Gemüsebrühe/-bouillon
- 3 Tomaten, ca. 300 g
- einige Zweige Petersilie, fein gehackt
- 2 Zweige Basilikum, fein geschnitten
- 8 schwarze oder grüne Oliven
- Pfeffer aus der Mühle
- Kräutermeersalz
- 2 EL geriebener Parmesan
- wenig Olivenöl für die Form

1. Den Fenchel in Längsrichtung in fingerdicke Scheiben schneiden.

2. Zwiebeln und Knoblauch im heißen Olivenöl in einer weiten Pfanne mit Deckel anschwitzen. Den Fenchel dazugeben und mitanschwitzen. Mit der Gemüsebrühe ablöschen. Aufkochen und zugedeckt 8 bis 10 Minuten auf kleinem Feuer köcheln lassen. Fenchel abgießen.

3. Ofen auf 220 Grad vorheizen.

4. Die Tomaten an der Spitze kreuzweise einschneiden. Mit einem Schaumlöffel in heißes Wasser tauchen, bis sich die Haut löst. Die Früchte schälen, halbieren, Stielansatz und Kerne entfernen. Würfeln.

5. Den Fenchel in eine geölte Ofenform füllen. Tomaten, Oliven und Kräuter darüberstreuen. Mit Pfeffer und Salz würzen. Den Parmesan darüberstreuen. Fenchel im vorgeheizten Ofen 15 Minuten backen.

Tip: Mittags mit Salat, abends ohne Salat servieren.

Variante: Sehr pikant wird der Gratin, wenn man zusätzlich 4 gehackte Sardellenfilets unter den Fenchel mischt.

Schlanke Linie: Bei wenig Übergewicht oder langsamer Gewichtsreduktion kombiniert man den Fenchelgratin mit 150 g Ofenkartoffeln (pro Person).

Gefüllte Zucchini

- 4 kleine oder 2 mittlere Zucchini, ca. 450 g
- 1 Zwiebel, fein gehackt
- 1 Knoblauchzehe
- 1 EL kaltgepreßtes Olivenöl extra vergine
- 1/2 TL getrockneter Oregano
- 1/2 Bund frisches Basilikum
- Kräutermeersalz
- Pfeffer aus der Mühle
- 1–2 EL geriebener Parmesan
- 150 g Ricotta

Kressesauce

- 200 ml/2 dl Gemüsebrühe/-bouillon
- 100 g/1 dl Schlagsahne/Rahm
- 80 g Kresse
- 1/2 TL Pfeilwurzelmehl
- Meersalz
- Pfeffer aus der Mühle

1. Die Zucchini längs halbieren und aushöhlen. Die Zucchinihälften im Dampf 5 Minuten garen. Das Zucchinifleisch fein hacken.

2. Den Ofen auf 220 Grad vorheizen.

3. Zwiebeln und durchgepreßten Knoblauch im Olivenöl anschwitzen. Das Zucchinifleisch und die Kräuter dazugeben und mitanschwitzen. Würzen. Die Gemüsemasse auskühlen lassen, dann den Parmesan und den Ricotta darunterrühren. Die Zucchinihälften damit füllen.

4. Gefüllte Zucchini im vorgeheizten Ofen auf mittlerem Einschub 20 Minuten backen.

5. Für die Sauce die Gemüsebrühe und die Schlagsahne aufkochen. Die Kresse dazugeben, aufkochen. Die Sauce pürieren. Das mit wenig Wasser angerührte Pfeilwurzelmehl unter die Sauce rühren. Aufkochen und köcheln lassen, bis die Sauce eindickt. Würzen.

Tip: Mit einem Saisonsalat servieren.

Gemüsespaghetti mit Ofenkartoffeln

- 2 Möhren/Karotten
- 2 Zucchini
- 1 Lauch
- 1 Zwiebel, fein gehackt
- 1 TL kaltgepreßtes Olivenöl
- wenig Gemüsebrühe/-bouillon
- 3 Zweige Petersilie, fein gehackt
- frischer Thymian, fein gehackt
- Kräutermeersalz
- Zitronenpfeffer
- 1 EL Sesamsamen, leicht geröstet

1. Aus den Möhren und den Zucchini mit der Légumette Endlos-Spaghetti drehen. Wer keine Légumette hat, zieht mit dem Sparschäler Streifen ab und halbiert diese in Längsrichtung. Den Lauch ebenfalls in feine Streifen schneiden.

2. Die Zwiebeln im Öl anschwitzen. Den Lauch dazugeben und 2 bis 3 Minuten mitanschwitzen. Möhren und Zucchini dazugeben, 1 Minute mitanschwitzen. Mit wenig Gemüsebrühe ablöschen. Die Kräuter dazugeben und sorgfältig mit dem Gemüse mischen. Würzen. Anrichten, Sesamsamen darüberstreuen.

Tip: Mit Ofenkartoffeln (Seite 92) und Kräuterquark (Seite 78) servieren.

Tofusalat mit frischen Feigen

- 4 erntefrische Feigen
- 200 g Tofu, in Streifen
- Kräutermeersalz
- Pfeffer aus der Mühle
- Rucola für die Garnitur

Sauce

- 2 EL Balsamessig
- 2 EL kaltgepreßtes Olivenöl oder
- 2 EL kaltgepreßtes Walnuß-/Baumnußöl
- Meersalz
- Pfeffer aus der Mühle
- 1/2 EL gehackte Petersilie

1. Bei den Feigen den Stielansatz wegschneiden. Die Früchte vierteln.

2. Tofu mit Salz und Pfeffer würzen. 15 Minuten stehen lassen. Mit der Sauce mischen.

3. Feigenviertel und Tofusalat anrichten. Mit der Rucola garnieren.

Abbildung
Gemüsespaghetti mit Ofenkartoffeln

Grapefruit-Avocado-Salat mit Meeresfrüchten

- 12 Garnelen/Riesencrevetten, geschält
- 1 EL kaltgepreßtes Olivenöl extra vergine
- Kräutermeersalz

- ½ Lattich oder anderer Blattsalat, in Streifen
- 1 rosa Grapefruit
- 1 Avocado
- Saft einer halben Zitrone

Sauce

- 2 EL Balsamessig
- 2 EL kaltgepreßtes Olivenöl extra vergine
- wenig Gemüsebruhe, nach Belieben
- 1 kleine Knoblauchzehe
- Kräutermeersalz
- Pfeffer aus der Mühle
- Petersilie, fein gehackt

1. Die Garnelen im Olivenöl kurz braten. Salzen.

2. Die Grapefruit oben und unten kappen. Die Schale am Fruchtfleisch entlang herunterschneiden. Mit dem Messer an den beiden dünnen Fruchthäutchen der Schnitze entlangschneiden. Filets herauslösen.

3. Die Avocado halbieren, den Stein entfernen. Die Fruchthälfte schälen und das Fleisch würfeln. Mit dem Zitronensaft beträufeln.

4. Blattsalat, Avocado und Grapefruit mit der Sauce mischen.

5. Den Salat auf Tellern anrichten. Die Garnelen dazugeben.

Tip: Dieser Salat ist ein gut sättigendes Mittagessen.

6. Variante: Garnelen durch gut gewürzten, gebratenen Tofu (120 g pro Person) ersetzen.

Quinoa-Salat

- 80 g Quinoa
- 150 ml/1,5 dl Wasser oder schwache Gemüsebrühe/-bouillon

- je 1/2 grüner, roter und gelber Gemüsepaprika/Peperoni
- 1 Tomate
- 1 Sproß Stauden-/Stangensellerie, in feinen Scheiben
- 1 kleine Zwiebel, fein gehackt
- einige schwarze Oliven

Sauce

- 1–2 EL Zitronensaft
- 3 EL kaltgepreßtes Olivenöl extra vergine
- 1–2 cm Gewürzpaprika/Peperoncini, in feinen Ringen, nach Belieben
- 3 Zweige glatte Petersilie, fein gehackt
- einige Pfefferminzblättchen, fein gehackt
- Kräutermeersalz
- Pfeffer aus der Mühle

1. Quinoa in einem feinmaschigen Drahtsieb mit heißem Wasser überbrausen. Zusammen mit dem Wasser oder der Gemüsebrühe aufkochen, auf kleinem Feuer 5 Minuten köcheln lassen. Auf der ausgeschalteten Wärmequelle zugedeckt 20 Minuten nachquellen lassen.

2. Beim Gemüsepaprika Stielansatz und Kerne entfernen. Die Früchte sehr klein würfeln, je kleiner, desto besser.

3. Die Tomate an der Spitze kreuzweise einschneiden. Mit einem Schaumlöffel in kochendes Wasser tauchen, bis sich die Haut zu lösen beginnt. Die Frucht schälen, halbieren, Stielansatz und Kerne entfernen. Die Tomate würfeln.

4. Quinoa, Gemüsepaprika, Tomaten, Zwiebeln und Oliven mit der Sauce vermengen. 15 Minuten ziehen lassen.

Quinoa: Wird auch «Reis der Inkas» genannt. Die uralte Kulturpflanze ist im Anden-Hochland beheimatet, d. h. im heutigen Peru und Bolivien. Die runden, flachen Samen sind von leicht gelblicher Farbe. Durch den Garprozeß bekommt das Scheingetreide ein transparentes Aussehen. Geschmacklich erinnert Quinoa am ehesten an Sesamsamen. Erhältlich im Bioladen und Reformhaus.

Blumenkohl auf indische Art

- 1 EL kaltgepreßtes Olivenöl
- 1 Zwiebel, fein gehackt
- 500 g Blumenkohl, in kleinen Röschen
- 200 g Kartoffeln, gewürfelt
- 1–2 EL Kokosflocken
- 1/2 TL Kurkuma/Gelbwurz (für die Farbe)
- 1 Msp Kreuzkümmel
- 1 Msp frisch geriebener Ingwer oder Ingwerpulver
- 300–400 ml/3–4 dl Gemüsebrühe/-bouillon

1. In einer weiten Pfanne mit Deckel die Zwiebeln im Öl anschwitzen. Blumenkohl, Kartoffeln und Kokosflocken dazugeben. Die Gewürze darüberstreuen. Kurz mitanschwitzen. Mit der Gemüsebrühe ablöschen. Aufkochen und zugedeckt 12 bis 15 Minuten köcheln lassen, bis der Blumenkohl gar ist.

Tip: Mittags mit einem Salat servieren, z. B. einem Rote-Beten-Salat, abends ohne Salat.

Abbildung
Blumenkohl auf indische Art

Kartoffel-Kürbis-Curry

- 1 EL kaltgepreßtes Olivenöl extra vergine
- 1 Knoblauchzehe, fein gehackt
- 300 g Kartoffeln, gewürfelt
- 300 g Kürbis, z. B. Oranger Knirps oder Muscade de Provence, ohne Schale und Kerne, gewürfelt
- 1 TL mittelscharfer Curry
- 1/2 TL Kurkuma/Gelbwurz (für die Farbe)
- ca. 200 ml/2 dl Gemüsebrühe/-bouillon
- Kräutermeersalz
- 1 TL Pinienkerne, leicht geröstet, oder
- 1 TL Kürbiskerne, leicht geröstet
- 1 EL fein gehackte Petersilie

1. Knoblauch im Olivenöl anschwitzen. Kartoffeln und Kürbis dazugeben. Curry und Kurkuma darüberstreuen und mit der Gemüsebrühe ablöschen. Aufkochen und auf kleinem Feuer zugedeckt 10 bis 15 Minuten köcheln lassen, bis die Kartoffeln gar sind.

2. Den Eintopf mit den Pinien- oder Kürbiskernen und der Petersilie garnieren.

Tip: Mittags mit einem Salat, abends ohne Salat servieren.

Gefüllte Auberginen mit Kürbissauce

- 2 kleine Auberginen
- 300 g Kürbisfleisch, z. B. Oranger Knirps oder Muscade de Provence, geschält und entkernt, klein geschnitten
- 1 EL kaltgepreßtes Olivenöl extra vergine
- 1 kleine Zwiebel, fein gehackt
- 1 Knoblauchzehe
- 1/2 TL getrockneter Thymian
- 1 EL fein gehackte Petersilie
- wenig Gemüsebrühe/-bouillon
- Kräutermeersalz
- Pfeffer aus der Mühle
- 1 EL Sonnenblumenkerne
- 10 g geriebener Parmesan
- Gemüsebrühe/-bouillon für die Form

Kürbissauce

- 250–300 g Kürbisfleisch, klein geschnitten
- 150–200 ml/1,5–2 dl Gemüsebrühe/-bouillon
- 1 kleine Knoblauchzehe
- 2 EL Schlagsahne/Rahm
- Pfeffer aus der Mühle
- Meersalz

1. Die Auberginen halbieren und das Fruchtfleisch am besten mit einem Grapefruitmesser herauslösen. Das Fruchtfleisch zerkleinern.

2. Die Auberginenschalen in wenig Gemüsebrühe oder im Dampf 5 Minuten garen. Auskühlen lassen.

3. Ofen auf 200 Grad vorheizen.

4. Für die Füllung die Zwiebeln und den durchgepreßten Knoblauch im Olivenöl anschwitzen. Auberginen, Kürbis und Kräuter dazugeben und mitanschwitzen. Mit wenig Gemüsebrühe ablöschen. Aufkochen und auf kleinem Feuer 5 Minuten köcheln lassen, bis der Kürbis weich ist. Die Sonnenblumenkerne dazugeben. Abschmecken. Die Auberginenschalen damit füllen und den Käse darüberstreuen.

5. Die gefüllten Auberginen in eine ofenfeste Form stellen. Die Gemüsebrühe dazugießen. Im vorgeheizten Ofen auf mittlerem Einschub 12 bis 15 Minuten überbacken.

6. Für die Sauce das Kürbisfleisch in der Gemüsebrühe weich kochen. Pürieren. Die Sauce aufkochen, den Knoblauch dazupressen. Würzen. Mit der Sahne verfeinern.

Thermogerste mit Gemüse

- 80 g Thermogerste (Bioladen/Reformhaus)
- 200 ml/2 dl schwache Gemüsebrühe/-bouillon

- 1 EL kaltgepreßtes Olivenöl extra vergine
- 1 kleine Zwiebel, fein gehackt
- 1 Gemüsepaprika/Peperoni
- 1 Zucchino
- wenig Gemüsebrühe/-bouillon
- 1/2 TL Provencekräuter
- 1/4 TL Kurkuma/Gelbwurz
- 1 EL gehackte Petersilie
- 1 EL Pinienkerne, leicht geröstet
- 1 EL Crème fraîche

1. Gerste und Gemüsebrühe aufkochen. Unter zeitweiligem Rühren 8 bis 10 Minuten auf kleinem Feuer köcheln lassen. Auf der ausgeschalteten Wärmequelle zugedeckt 30 Minuten nachquellen lassen.

2. Gemüsepaprika halbieren, Stielansatz und Kerne entfernen. Die Fruchthälften klein würfeln. Zucchini ebenfalls klein würfeln.

3. Die Zwiebeln im Olivenöl anschwitzen. Das Gemüse dazugeben und mitanschwitzen. Mit wenig Gemüsebrühe ablöschen. Provencekräuter und Kurkuma darunterrühren. Zugedeckt 8 bis 10 Minuten köcheln lassen.

4. Thermogetreide, Gemüse, Petersilie und Pinienkerne mischen. Mit der Crème fraîche verfeinern.

Tip: Mittags mit einem Blattsalat, abends ohne Salat servieren.

Thymianlinsen

- 150 g rote Linsen
- 1 EL kaltgepreßtes Olivenöl extra vergine
- ½ kleine Zwiebel, fein gehackt
- 1 Knoblauchzehe
- 300 ml/3 dl Gemüsebrühe/-bouillon
- 1 Msp abgeriebene Zitronenschale
- 1 Umdrehung Pfeffer aus der Mühle
- ½ TL getrockneter Thymian
- 2 EL Crème fraîche

1. Zwiebeln und durchgepreßten Knoblauch im Olivenöl anschwitzen. Linsen, Zitronengelb, Pfeffer und Thymian dazugeben. Mit der Gemüsebrühe ablöschen. Aufkochen und auf kleinem Feuer zugedeckt 15 Minuten köcheln lassen. Mit der Crème fraîche verfeinern.

Tip: Mittags mit einem Salat, abends ohne Salat servieren. Gut passen dazu auch die weißen Kartoffeln mit Salbei (Seite 61).

Spaghetti mit Gemüse

- 100 g Vollkorn-Spaghetti
- 1 EL kaltgepreßtes Olivenöl extra vergine
- 1 Knoblauchzehe
- 500 g gemischtes Gemüse, z. B. Lauch, Möhren/Karotten, Zucchini, Spinat, fein geschnitten
- wenig Gemüsebrühe/-bouillon
- frischer oder getrockneter Thymian
- Meersalz
- Pfeffer aus der Mühle

1. In einer weiten Pfanne den durchgepreßten Knoblauch im Olivenöl anschwitzen. Das Gemüse und den Thymian dazugeben und mitanschwitzen. Mit wenig Gemüsebrühe ablöschen. Das Gemüse bißfest garen. Würzen.

2. Spaghetti in reichlich Salzwasser al dente kochen. Wasser abgießen. Die Spaghetti mit dem Gemüse mischen.

Tip: Mittags mit einem Salat, abends ohne Salat servieren.

Lasagneblätter auf Ratatouille

- 4 Vollkorn-Lasagneblätter
- wenig kaltgepreßtes Olivenöl extra vergine

- 1 große Tomate
- je 1 gelber und roter Gemüsepaprika/Peperoni
- 2 kleine Zucchini
- 1 EL kaltgepreßtes Olivenöl extra vergine
- 1 Zwiebel, fein gehackt
- 1 Knoblauchzehe, fein gehackt
- 1/2 TL Provencekräuter
- 200 ml/2 dl Gemüsebrühe/-bouillon
- Kräutermeersalz
- Pfeffer aus der Mühle
- 1/2 Bund Basilikum, fein geschnitten

1. Die Tomate an der Spitze kreuzweise einschneiden. Mit einem Schaumlöffel in heißes Wasser tauchen, bis sich die Haut zu lösen beginnt. Die Frucht schälen, halbieren, Stielansatz und Kerne entfernen. Klein würfeln.

2. Gemüsepaprika halbieren. Stielansatz und Kerne entfernen. Klein würfeln. Zucchini ebenfalls würfeln.

3. Zwiebeln und Knoblauch im Olivenöl anschwitzen. Gemüsepaprika, Zucchini und Provencekräuter dazugeben und mitanschwitzen. Mit der Gemüsebrühe ablöschen. Aufkochen und zugedeckt auf kleinem Feuer 10 bis 12 Minuten köcheln lassen. Die Tomaten zum Gemüse geben. Aufkochen und würzen. Ganz am Schluß das Basilikum darunterrühren.

4. Lasagneblätter in reichlich Salzwasser al dente kochen. Abgießen. Mit dem Olivenöl beträufeln.

5. Lasagneblätter auf vorgewärmte Teller legen. Ratatouille darauf verteilen. Die Blätter einschlagen. Mit einem Basilikumblatt garnieren.

Tip: Mit einem Saisonsalat servieren.

Variante: Für das Ratatouille können auch Auberginen und Kürbis verwendet werden.

Gemüseflan mit Blattsalat

für 4 bis 5 Flanförmchen

- 2 Freilandeier
- 15 g geriebener Parmesan
- 100 g Möhren/Karotten
- 100 g Zucchini
- 1 Bund Schnittlauch, fein geschnitten
- Kräutermeersalz
- Pfeffer aus der Mühle
- wenig Butter für die Förmchen

- 2 große Portionen gemischter Blattsalat

Sauce

- 1 EL Balsam- oder Apfelessig
- 3 EL Gemüsebrühe/-bouillon
- 3 EL kaltgepreßtes Olivenöl extra vergine
- gehackte Kräuter
- Kräutermeersalz
- Pfeffer aus der Mühle

1. Ofen auf 180 Grad vorheizen.

2. Für den Gemüseflan das Gemüse in möglichst feine Streifen (Julienne) schneiden. Im Dampf 2 bis 3 Minuten garen. Auskühlen lassen.

3. Käse, Gemüsestreifen und Schnittlauch mit den verquirlten Eiern mischen. Würzen. Die Masse in gut gebutterte ofenfeste Portionenförmchen füllen.

4. Gemüseflan im vorgeheizten Ofen auf mittlerem Einschub 20 bis 25 Minuten backen.

5. Den Blattsalat mit der sämig gerührten Sauce mischen. Zusammen mit dem Flan auf Tellern anrichten.

Auberginen à la Carmine

- 1 Aubergine
- Meersalz
- 2 Tomaten, Stielansatz entfernt, in Scheiben
- 2 Zweige Basilikum
- 100 g Mozzarella, gehackt
- 12 Basilikumblätter
- Kräutermeersalz
- Pfeffer aus der Mühle

1. Ofen auf 220 Grad vorheizen.

2. Die beiden Enden der Aubergine kappen, die Frucht in Scheiben schneiden.

3. In eine nicht klebende Pfanne Salz einstreuen. Die Auberginenscheiben darauf legen und beidseitig braten.

4. Die gebratenen Auberginenscheiben auf ein leicht geöltes Blech legen und zuerst mit den Tomatenscheiben, dann mit den Basilikumblättern belegen. Die Mozzarella darüberstreuen. Mit Kräutersalz und Pfeffer würzen. Im vorgeheizten Ofen 8 bis 10 Minuten überbacken.

Tip: Mit grünem Salat servieren.

Kürbis-Kastanien-Curry

- 1 EL kaltgepreßtes Olivenöl extra vergine
- 1/2 Zwiebel, fein gehackt
- 400 g Kürbis, am besten Oranger Knirps oder Muscade de Provence, ohne Schale, gewürfelt
- 150 g geschälte Kastanien, tiefgekühlt oder aus dem Glas (Reformhaus/Bioladen)
- 1 TL mildes Currypulver
- 1/2 TL getrockneter Thymian
- 1/2 TL Kurkuma/Gelbwurz
- 1 Msp Muskatnuß
- 1 Prise Paprikapulver
- 1/2 EL Pinienkerne
- 1/2 EL Rosinen
- 200–300 ml/2–3 dl Gemüsebrühe/-bouillon
- Meersalz
- 1 EL Crème fraîche

1. Die Zwiebeln im Olivenöl anschwitzen. Den Kürbis und die Kastanien dazugeben und mitanschwitzen. Mit den Gewürzen bestäuben. Pinienkerne und Rosinen dazugeben, mit der Gemüsebrühe ablöschen. Aufkochen und zugedeckt so lange köcheln lassen, bis die Kastanien und der Kürbis gar sind, rund 15 Minuten. Mit der Crème fraîche verfeinern und der Petersilie abschmecken.

Sesamkartoffeln mit gebackenem Kürbis und Avocadomousse

- 400 g Kartoffeln samt Schale
- 1 EL Sesamsamen
- 350–400 g Kürbis, z. B. Oranger Knirps oder Muscade de Provence, geschält und entkernt
- einige Pinienkerne, leicht geröstet (im Ofen)

Sauce

- 2 EL Balsamessig
- 3 EL kaltgepreßtes Kürbiskernöl oder
- 3 EL kaltgepreßtes Sonnenblumenöl
- Kräutermeersalz
- Pfeffer aus der Mühle
- frische Kräuter, z. B. Schnittlauch, Basilikum, Petersilie

Avocadomousse

- 1 reife Avocado
- 2 EL Zitronensaft
- 2–3 EL Gemüsebrühe/-bouillon
- Kräutermeersalz
- Pfeffer aus der Mühle
- 1 Knoblauchzehe, durchgepreßt
- 1 EL fein gehackte Kräuter

1. Ofen auf 220 Grad vorheizen.

2. Die Kartoffeln gut bürsten und längs halbieren. Auf der gewölbten Seite mehrmals mit dem Messer einschneiden. Die Schnittfläche in die Sesamsamen drücken. Mit der Sesamseite nach unten auf ein leicht geöltes Blech legen. Im Ofen auf mittlerem Einschub 20 bis 25 Minuten backen.

3. Den Kürbis in möglichst dünne Halbmonde schneiden. Auf ein leicht geöltes Blech legen. Im Ofen auf unterem Einschub gleichzeitig mit den Kartoffeln 10 bis 15 Minuten backen.

4. Für die Avocadomousse die Frucht halbieren, den Stein entfernen und das Fruchtfleisch auskratzen. Mit den übrigen Zutaten, ohne die Kräuter, fein pürieren. Die Kräuter unter die Mousse rühren. Abschmecken.

5. Die Kürbisscheiben auf Tellern anrichten. Mit der Sauce beträufeln. Die Sesamkartoffeln dazugeben. Avocadomousse separat servieren.

Zucchini mit Knusperkruste

- 400 g Zucchini

Kruste

- 50 g geriebene Mandeln
- 25 g geriebener Sbrinz oder Parmesan
- 1 Msp abgeriebene Zitronenschale
- 1 EL fein gehackte Petersilie
- 1 kleine Zwiebel, fein gehackt
- 1 Knoblauch, fein gehackt
- Pfeffer aus der Mühle
- Kräutermeersalz

1. Ofen auf 200 Grad vorheizen.

2. Für die Kruste sämtliche Zutaten vermengen. Würzen.

3. Die Zucchini auf beiden Seiten kappen. Das Gemüse in 1 cm dicke Scheiben schneiden. Zucchinischeiben ziegelartig in eine geölte Gratinform schichten. Das Mandel-Käse-Gemisch darauf verteilen.

4. Die Zucchini im vorgeheizten Ofen auf mittlerem Einschub 15 bis 20 Minuten backen.

Tip: Mittags mit einem Salat, abends ohne Salat servieren.

Abbildung
Nudeln mit Zucchini

Nudeln mit Zucchini

- 100 g Vollkornspiralen oder andere Vollkornnudeln

- 300 g sehr kleine Zucchini mit oder ohne Blüten, ca. 8 Stück
- 1 EL kaltgepreßtes Olivenöl
- 1 Knoblauchzehe, fein gehackt
- 100 ml/1 dl Gemüsebrühe/-bouillon
- 1 EL fein gehackte Petersilie
- Kräutermeersalz
- Pfeffer aus der Mühle
- 2 TL kaltgepreßtes Olivenöl

1. Zucchini samt Blüten in feine Scheiben schneiden.

2. Knoblauch im heißen Olivenöl in einer weiten Pfanne anschwitzen. Zucchini dazugeben, mitanschwitzen und auf kleinem Feuer 3 bis 4 Minuten dünsten. Mit der Gemüsebrühe ablöschen, etwas einköcheln lassen. Mit Petersilie, Salz und Pfeffer würzen.

3. Die Nudeln in reichlich Salzwasser al dente kochen. Abgießen.

4. Nudeln, Zucchini und Olivenöl mischen. Nach Belieben mit Zucchiniblüten garnieren.

Tip: Mittags mit Salat, abends ohne Salat servieren.

Tofu-Spinat-Burger

- 200 g Tofu
- 1 EL Sojasauce
- Kräutermeersalz
- Thymian
- 2 Eigelb von Freilandeiern
- 200 g Spinat
- 1 EL kaltgepreßtes Olivenöl extra vergine
- 100 g Champignons, gehackt
- 1 Knoblauchzehe
- 2 EL Kastanienmehl
- 2 EL geriebene Mandeln
- Meersalz
- Pfeffer aus der Mühle
- kaltgepreßtes Maiskeimöl zum Braten

1. Den Tofu mit einer Gabel fein zerdrücken. Würzen mit der Sojasauce, dem Kräutersalz und dem Thymian. Das Eigelb mit dem Tofu vermengen.

2. Den Spinat im Dampf zusammenfallen lassen. Etwas auskühlen lassen, dann grob hacken.

3. Die Champignons zusammen mit dem durchgepreßten Knoblauch im Olivenöl anschwitzen. Den Spinat dazugeben. Tofu, Kastanienmehl und geriebene Nüsse darunterrühren. Abschmecken.

4. Aus der Tofu-Spinat-Masse Burger formen und diese im heißen Maiskeimöl in einer nicht klebenden Pfanne langsam von beiden Seiten braten.

Tip: Mit einem Kürbis- oder Möhrengemüse servieren.

Zarte Zucchini-Pfannkuchen

- 200 g Zucchini
- 1 Eigelb
- ½ Knoblauchzehe
- Kräutermeersalz
- kaltgepreßtes Olivenöl, zum Braten

1. Die Zucchini mit der Bircher-Rohkostreibe reiben. Das Eigelb und den durchgepreßten Knoblauch darunterrühren. Mit dem Kräutersalz würzen.

2. Das Öl erhitzen. Für jeden Pfannkuchen einen Eßlöffel der Füllung in die Pfanne geben. Auf kleinem Feuer vorsichtig braten. Die Masse ist nicht sehr kompakt und fällt leicht auseinander.

Tip: Mit Salat oder Kartoffeln servieren.

Variante: Zum Binden 2 Eßlöffel gepufften Amaranth (Bioladen/Reformhaus) unter die Zucchinimasse mischen.

Gerstotto mit Gemüse

- 80 g Rollgerste/Graupen
- 250 ml/2,5 dl schwache Gemüsebrühe/-bouillon

- 1 EL kaltgepreßtes Olivenöl
- 1 kleine Zwiebel, fein gehackt
- 100 g Möhren/Karotten, klein gewürfelt
- 100 g Zucchini, klein gewürfelt
- 100 g grüne Erbsen, frisch oder tiefgekühlt
- 1 Msp getrockneter Thymian
- 150–200 ml/1,5–2 dl Gemüsebrühe/-bouillon
- Kräutermeersalz
- Pfeffer aus der Mühle
- 4 Zweige Petersilie, fein gehackt
- 1 TL kaltgepreßtes Olivenöl extra vergine

1. Gerste zusammen mit der Gemüsebrühe aufkochen und zugedeckt auf kleinem Feuer 15 Minuten köcheln lassen. Auf der ausgeschalteten Wärmequelle zugedeckt 30 Minuten nachquellen lassen.

2. Die Zwiebeln im Olivenöl anschwitzen. Möhren, Zucchini und Erbsen dazugeben und mitanschwitzen. Den Thymian darüberstreuen. Mit der Gemüsebrühe ablöschen. Aufkochen und zugedeckt auf kleinem Feuer 8 bis 10 Minuten köcheln lassen.

3. Gerste und Gemüse mischen. Würzen. Abschmecken mit der Petersilie und dem Olivenöl.

Tip: Mittags mit einem Salat, abends ohne Salat servieren.

Pikante Gemüsepfanne mit Tofu

- 150 g Tofu, gewürfelt
- 500 g Gemüse, z. B. Möhren/Karotten, Blumenkohl, Brokkoli
- 1 EL kaltgepreßtes Distel- oder Olivenöl
- 1 kleine Zwiebel, fein gehackt
- 1 TL Curry
- 1/2 TL getrockneter Thymian
- 300 ml/3 dl Gemüsebrühe/-bouillon
- Kräutermeersalz
- 1 EL fein gehackte Petersilie

1. Den Tofu mit Salz und Pfeffer würzen.

2. Die Möhren in nicht zu dünne Stäbchen schneiden. Blumenkohl oder Brokkoli (Strunk nach Belieben schälen) in kleine Röschen brechen.

3. Die Zwiebeln im Öl anschwitzen. Die Tofuwürfel dazugeben und kurz braten. Curry und Thymian darunterrühren. Das Gemüse dazugeben und mitanschwitzen. Mit der Gemüsebrühe ablöschen. Zugedeckt 10 Minuten köcheln lassen, bis das Gemüse weich ist. Abschmecken. Die Petersilie darunterrühren.

Erbsen-Linsen-Eintopf

- 80 g rote Linsen
- 1 EL kaltgepreßtes Olivenöl
- 1 kleine Zwiebel, fein gehackt
- 400 ml/4 dl Gemüsebrühe/-bouillon
- 150 g frische oder tiefgekühlte grüne Erbsen
- 1 Msp getrockneter Thymian
- 1 Prise Curry
- Kräutermeersalz
- 1 Zweig Pfefferminze oder
- 1/2 Bund Rucola, gehackt

1. Die Linsen erlesen.

2. Die Zwiebeln im Öl anschwitzen. Die Linsen dazugeben. Mit der Gemüsebrühe ablöschen. Aufkochen und auf kleinem Feuer zugedeckt 10 bis 15 Minuten garen. Die frischen oder tiefgekühlten Erbsen dazugeben. 5 Minuten köcheln lassen. Würzen. Mit den Kräutern abschmecken.

Tip: Mit einem Saisonsalat und/oder einem Glas Gemüsesaft servieren.

Abbildung Erbsen-Linsen-Eintopf

Gefüllte Pilze

- 8 große Champignons
- 1 EL kaltgepreßtes Olivenöl
- 1 kleine Zwiebel, fein gehackt
- 4 EL geriebene Mandeln
- 50 g Feta, zerdrückt
- 10 Basilikumblätter, geschnitten
- 2 EL glatte Petersilie, gehackt
- wenig Thymian
- 1 Msp abgeriebene Zitronenschale
- Saft von einer halben Zitrone
- Kräutermeersalz
- 100 ml/1 dl Gemüsebrühe, für die Form

1. Die Pilze mit einem feuchten Tuch abreiben. Die Stiele durch Drehen sorgfältig herauslösen.

2. Ofen auf 200 Grad vorheizen.

3. Die Pilzstiele fein hacken.

4. Die Zwiebeln im Olivenöl anschwitzen. Die gehackten Pilzstiele dazugeben und 4 bis 5 Minuten dünsten. Mandeln, Feta, Kräuter, Zitronengelb und Zitronensaft darunterrühren. Mit Kräutersalz abschmecken.

5. Champignonsköpfe mit der Kräutermasse füllen. Kräuterpilze in eine geölte Gratinform legen und die Gemüsebrühe dazugießen. Auf mittlerem Einschub 12 bis 15 Minuten backen.

Naturreis – Grundrezept

- 80 g Langkorn- oder Rundkorn-Naturreis
- 200–250 ml/2–2,5 dl schwache Gemüsebrühe oder Wasser
- 1 TL kaltgepreßtes Öl, z.B. Oliven- oder Sonnenblumenöl
- 1 Sträußchen Kräuter, fein gehackt

1. Reis und Gemüsebrühe oder Wasser aufkochen, auf kleinem Feuer 15 Minuten köcheln lassen. Den Reis auf der ausgeschalteten Wärmequelle zugedeckt rund 30 Minuten quellen lassen.

2. Den gegarten Reis vor dem Servieren erhitzen. Abschmecken mit dem Öl und den feingehackten Kräutern.

Tip: Den Reis am Morgen aufkochen, 5 Minuten sprudelnd kochen, dann auf der ausgeschalteten Wärmequelle bis am Mittag zugedeckt quellen lassen. Das Verhältnis Reis/Wasser muß stimmen, auf eine Einheit Reis kommen 2,5 Einheiten Wasser.

ANHANG

Zeichenerklärung

- basisch (grünes Dreieck)
- sauer (blaues Dreieck)
- säurebildend (rotes Dreieck)

Literaturhinweise

Bänziger E./Berweger Th.: Trennkost – schnell und schmackhaft. Augsburg: Midena, 1996

Burkhardt B., Fluri H.: Yoga für Einsteiger. Küttigen: Midena, 1996

Dries J.: Lebensmittel richtig kombinieren. Walthausen

Hirano M.: Die schnelle Neue Trennkost. Küttigen: Midena, 1994

Hirano M.: Die Neue Trennkost italienisch. Küttigen: Midena, 1995

Hirano M.: Trennkost zum Abnehmen. Küttigen: Midena, 1996

Possin R.: Vom richtigen Essen. Irisiana Verlag

Schmid-Eschmann V.: Richtig atmen – aber wie? Küttigen: Midena, 1995

Vasey Ch.: Das Säure-Basen-Gleichgewicht. Küttigen: Midena, 1992

Vasey Ch.: Nährstoffmängel natürlich ergänzen. Küttigen: Midena, 1996

Vasey Ch.: Die Entgiftung des Körpers. Küttigen: Midena, 1994

Weise D.: Die Fünf-Tibeter-Feinschmecker-Küche. Integral Verlag

Weise D.: Harmonische Ernährung. Smaragdina Verlag

Autoren

Erica Bänziger dipl. Ernährungs- und Gesundheitsberaterin, Referentin, freie Journalistin und Ausbilderin im Ernährungsbereich. Fachliche Beraterin der Vita-Sana-Klinik in Breganzona (CH).

Bei Midena sind erschienen:
«Die neue Kalte Küche»,
«Das Kürbis-Kochbuch» (zusammen mit Vreny Walther),
«Das Kastanien-Kochbuch»,
«Kochen mit den Fünf Elementen» (zusammen mit Gisela Baule),
«Trennkost - schnell und schmackhaft» (zusammen mit Theres Berweger)

Christopher Vasey Naturheilarzt und Fachbuchautor. Häufiger Fachreferent an Tagungen von Organisationen des Gesundheitswesens. Der Autor praktiziert in Chamby bei Montreux/CH.

Bei Midena sind erschienen:
«Das Säure-Basen-Gleichgewicht»,
«Die Entgiftung des Körpers»,
«Sanft heilen mit Wickeln und Kompressen»,
«Nährstoffmängel natürlich ergänzen»